JN088971

谷田部 敦 Atsushi yatabe

小さな会社の勝算

90日で売れる仕組みになる
デジタルマーケティング

かんき出版

上の写真の場所を
知っているでしょうか？
南米ボリビアのウユニ塩湖
ではありません。

答えは香川県三豊市の「父母ヶ浜《ちちぶがはま》」です。

絶景スポットとしてSNSでバズり、2022年の観光関連の経済効果が推計で52億円余りにのぼりました（民間のシンクタンク、百十四経済研究所）。


現地に住んでいる人にとっては当たり前の景色かもしれません。

しかし、この父母ヶ浜のように「きちんと発信する」ことで驚くほど人が来て、想像以上の経済効果が出る元でもあるのです。


今、きちんと発信することで「中小企業ほどチャンス」でもあります。

では「きちんと発信する」「中小企業のチャンス」とは何でしょうか。


私は地方を含めて各県に出張しています。

その時に困るのが、今、航空券や宿が取れないのです。

コロナ禍ではガラガラだった地方の奥地の宿も満席です。

なぜかというと、国内旅行客が増えただけでなく、海外からも多くの人が来ているのです。

主要都市だけでなく、日本人が注目していなかった地方の奥地まで来ています。


その人たちが使うのはインターネット。

たとえば、HP《ホームページ》やGoogleマップに何も情報がないところに人は訪れにくいでしょう。

インターネットに載っていないものは「ない」も同然だからです。


一方、情報が丁寧に記載されて、英語訳まであったらどうでしょうか？

見た人は「しっかりしていて期待できるお店（場所）」と思うでしょう。


インターネットできちんとお客様に発信してやりとりをする「デジタルマーケティング」を駆使すれば、チャンスをつかめるのです。

たとえば、トヨタの自動車に使われる部品をつくっている「小さな会社」。ずば抜けて性能が高いものをつくり、部品を納め続けているって本当にすごいことです。

ですが、その会社にはHPがない。

トヨタだけでなく世界から注文があるかもしれないのに、インターネットにないので、調べようがありません。連絡されるはずがないのです。

一方で、ある自転車のペダルをつくっている日本企業が、Facebookで英語でも発信したところ、たくさんの「いいね」がついて繁盛していったのです。きちんと発信したからです。

中小企業ほど、デジタルマーケティングを強くおすすめします。

しかし、小さな会社が初めて行うには抵抗があるでしょう。

私は地方を含めてさまざまな会社を見てきました。

これまでインターネットを活用してこなかった人がいきなりYouTubeをはじめて、成果が出ずに心が折れそうになった顔を何度も見ています。

ですが、商品・サービスをつくるかたわらで、毎日毎日、たんたんとInstagramで商品の素晴らしさをお客様目線で発信し続ける企業もあります。

ＳＮＳで発信しはじめたときは効果が見えず「やる意味あるのか？」という言葉が何度も何度も頭の中をよぎったことでしょう。

そんな苦しいときも折れずに取り組みます。

すると、みなさんデジタルマーケティングにハマっていきます。

おもしろいように成果が出て、売上が伸び続けるからです。

大手企業ではなかなか手を出せません。

繰り返し言います。中小企業こそチャンスなのです。

本書は、中小企業のための「使えるデジタルマーケティング」の教科書。
仕組みを設計し、自然と売れ続けるようになります。

これまでマーケティングをしようとしたとき、「大海に飛び込むような気持ちで、もがくだけ」で終わったかもしれません。

本書は「お客様に発信する」ところから、「やりとりを続けて信頼を育み」「商品を売ってしっかり利益が出る」。さらに「リピートされて売れ続ける」ところまでの戦略を満載しています。本書が「ここからやればいいんだ」「ここを直せばいいのか」ということがわかる指針になります。

自社の商品・サービスが日本・世界で求められ、売れる仕組みになる。
その勝算をお伝えします。

小さな会社の勝算

90日で売れる仕組みになる
デジタルマーケティング

はじめに

中小企業ほど「売れる」可能性に満ちている

はじめまして。

企業のデジタルマーケティングやマーケティングDX推進を支援するFunTre株式会社の代表を務める谷田部敦と申します。私はこれまで主に中小企業のコンサルティングを通じて、約950社の売上を伸ばしてきました。

今は大企業でも自社の商品やサービスの売り方がわからず課題を抱えている時代です。そのため、大企業を対象としたコンサルティング会社やマーケティング専門家もたくさん存在します。

日本の会社の99・7％は中小企業です。

大企業にも負けない本当に良い商品やサービスを生み出し、日本経済を支えているのは、従業員数人から数百人規模の会社や個人事業主なのです。

ところが、中小企業と言ってもさまざまな業種や商品・サービスが存在するので、それぞれの中小企業ごとに適した実践できるマーケティング戦略、本当に売れるノウハウを提供しているコンサルティング会社は、私が知る限りありませんでした。

「本当にいいものは正しく発信して、売り方さえ間違えなければ必ず売れるはず。マーケティングをしたくてもできない中小企業ほど、その可能性に満ちている。であれば、私がその力になりたい」

このような思いから外資系メーカーを辞めて、東京大学大学院時代に鍛えたデータ研究力を活かし、今の会社を創業したのが10年前。以来、個人経営の教室やサロンから、大手電力会社まで、さまざまな会社の課題解決をしてきました。当初考えていたことは間違いではなかったと実感しています。

「売り方がわからない」の迷宮から抜け出すために

一方で、10年前に比べるものも、お客様がサービスを見る媒体も多くなり過ぎて、買い方も売り方も複雑化しています。そのため、「ただ売るだけ」でなく、「売り続けていく」ことは一筋縄ではいかないということも痛感しています。

あなたの会社はいかがでしょうか？
今、どんな課題を抱えているでしょうか？

「良いものをつくっているのになかなか売れない」
「うちのサービスはどこにも負けないのに他社と差別化できない」
「SNSをやっているけど売上につながらない」
「販促したくても予算も人手も足りない」
「新規顧客が増えない」

これらは、私が支援してきた会社からよく聞く悩みの声です。
よくよくヒアリングしてみると「ライバル会社がしていることを真似した」「SNSでバズった投稿を見てうちもはじめた」「知り合いにすすめられた方法をやってみ

た」「とにかく全部やってみたけど結果は出なかった」と、行きあたりばったりの対策をしているのです。

こうした問題の根本原因は、「売れる仕組み」を考えていないことです。

良いものをつくることはもちろん大事です。他と差別化することも大事。販促も、もちろん大事です。

しかし、どの施策も会社の規模や業種によって合う・合わないがありますし、それぞれが歯車のように噛み合って回らなければ売上は伸びていきません。

たまたま何かひとつの取り組みがうまくいって、一時的に利益が増えたとしても、しばらくするとまた元に戻るでしょう。

なぜなら、スマホありきの現代の消費者は日々膨大なインターネット情報に触れていて、次から次に新しいものやサービスに目移りしていくからです。

その移り気なユーザーの興味関心を引き、信頼関係を深め、自社の商品やサービスのファンになってもらって、リピート・紹介までつなげていく。

それが本書でいうところの**「売れる仕組み」**です。その仕組みを回し続ければ、「売り方がわからない」の迷宮から抜け出せるのです。

「売れる仕組み」を理解すれば、弱点を強化できる

そこで本書では、中小企業も個人経営者もすぐに取り組める「売れる仕組み」をわかりやすくお伝えしていきます。

これは、もともと理系の「研究オタク」の私が独自に開発したマーケティング戦略で、本書では**「6マス・マーケティング」**と名付けました。

詳しくは本編で説明しますが、6マスの要素を簡単に並べると次のようになります。

【1マスめ】商品やサービスを広く〈認知〉してもらう

【2マスめ】商品やサービスに興味関心を持ってくれた見込み客情報を〈**獲得**〉する

【3マスめ】見込み客との〈**信頼**〉を育んでいく

【4マスめ】〈信頼〉が深まった見込み客に〈**フロント商品**〉を試してもらう

【5マスめ】〈フロント商品〉を試したお客様に〈**メイン商品**〉を購入、申し込みしてもらう

【6マスめ】〈メイン商品〉を購入、申し込みした顧客に〈**リピート・紹介**〉してもらう

たったこれだけです。目新しい要素はないと思うかもしれません。「うちでもやってるよ」と、すでにひとつや2つは取り組んでいる会社も多いでしょう。

しかし、1マスから6マスまで連動する施策を考えている会社が少ないのです。

売れない原因が、この6マスのどこにあるのか？
どのマスとどのマスの接続が悪いのか？

自社の弱点がわかればそこを強化できます。弱点を強化することで求める結果を早くに出すことができます。どの要素もシンプルで再現性がありますから、今すぐ取り

組めることばかりです。

ただし、会社の規模・予算・労力によって、できること・できないことがあると思います。本編でさまざまな会社の事例を紹介しますので、そちらも参考にしていただきながら自社に適した施策を取捨選択してください。

マーケティングは一朝一夕では効果を感じにくい世界です。

それでも階段を一段一段上っていくつもりで6マスを実践すれば、どんなに小さな会社でも売上を伸ばせます。この「6マス・マーケティング」で成功している中小企業は日々増えていますから、決してあきらめないでください。

6マスが回りはじめると、本当に良い商品、良いサービスであれば、そこに用意しているだけで売れ続けるのです。

本書を最後まで読んでいただければ、もう「**売り方がわからない**」「**売れない原因がわからない**」と思い悩むことはなくなるでしょう。あなたの会社が大ヒット商品を生み出し、利益を拡大することに本書が少しでも貢献できることを願っています。

もくじ

1章 〔認知〕はSNSと広告戦略で拡大する

2章 〈獲得〉は見込み客だけを集めよう

3章 〔信頼〕は接触頻度で深めよう

4章 利益を最大化する〈メイン商品〉の売り方

5章 行列ができる〈フロント商品〉の考え方

6章 売上を増加させる〈リピート・紹介〉のノウハウ

カバーデザイン　西垂水 敦・内田裕乃（krran）
本文デザイン・DTP　佐藤 純（アスラン編集スタジオ）
校正　鴎来堂
制作協力　合同会社DreamMaker
編集協力　樺山美夏
写真　pumpkin36 / PIXTA

序章

中小企業でも売れる「6マス・マーケティング」とは何か

「マーケティング」とは何か、答えられますか？

「何か手を打たないと売上が伸びない」
「集客するためにうちもマーケティングをしないといけない」

私が今まで相談を受けてきた中小企業や独立開業された経営者の方々は、みなさん異口同音にこのような悩みを口にします。

では、「マーケティング」とは何でしょうか？

商品やサービスを売るためには確かに「マーケティング」が必要ですが、「マーケティングは何をすることですか？」と聞かれたら答えられるでしょうか？ おそらくスラスラと説明できる人はいないのではないかと思います。

社会のデジタル化で売り方、買い方が複雑化している中、「マーケティング」という言葉だけが一人歩きして、意味がよくわからないまま使われているケースも多いと感じます。「マーケティング」とネットで検索すると「広告宣伝活動」「市場調査・分析」「顧客ニーズ把握」「商品開発」「集客施策」「プロモーション」……と関連用語だけでもたくさんあり、それぞれの手段や方法論もさまざま。混乱してしまうのも仕方ありません。

ですから、「マーケティングって難しい！」「ネットで調べても本を読んでも、結局、何をすればいいのかわからない」と思われている方も、それが当たり前ですから心配しないでください。本書はそういう方にこそ読んで欲しいのです。

小難しい話は抜きにして、私は次のように定義しています。

マーケティングとは、商品が勝手に売れていく仕組みを構築すること。

逆に商品やサービスが勝手に売れる仕組みをつくってしまえば、それがマーケティングになります。本書でこれから紹介する「売れる仕組み」を理解して実行すれば、ゼロからマーケティングができると思っていただいて大丈夫です。

売れる仕組み「6マス・マーケティング」はどのようにしてできたか

私が「6マスの仕組み」を構築した理由ははっきりしています。

日本に埋もれている「良い商品」「良いサービス」の存在を世の中に広く発信して、売上を伸ばすマーケティングを「誰でも今すぐ使えるもの」にしたかったからです。

誰でも使える仕組みで良いものがもっと売れるようになれば、日本はもっと強くなれるはず。そう思いはじめたのは今から12年前、社会に出て働きはじめたころでした。

私はもともと研究者で、東京大学大学院時代に化学の研究に没頭していました。大学卒業後はドイツの化学メーカーに就職して輸出入業に携わっていましたが、日本にあふれている素晴らしい技術、商品、サービスが世界に知られていないことを痛感しました。日本にある本当に良い商品は、日本の中でしか伝わっておらず、海外から見たら他のアジアの国々でもっと安く購入できると思われていたのです。

日本企業のアピールが足りなかったのだと思います。世界はインターネットが主流になっているのに、日本ではその前の時代からある4大マスメディア（テレビ、ラジオ、新聞、雑誌）が日本のマーケティングの基本で、日本企業はその当時から世界で主流となっていたSNS活用やネット広告などはまったく活用できていませんでした。

メーカーに勤めていたころにMBAのマーケティングも学びましたが、MBAで教えられているマーケティングは、P&GやCOACHなど、世界のトップブランドを事例にしています。**予算も人材も少ない中小企業や独立開業した個人にとっては手も足も出ない、すぐには真似できないマーケティング理論しか当時はなかったわけです。**

そんな状況を悔しく感じ、中小企業でも良いもの、良いサービスを世界に発信する手段を研究したいと思うようになりました。研究の基本は、できる限り多くのデータを並べて比較し、共通点や特異点を見つけ出して、実験を繰り返すことです。その視点で日本のマーケティングを見ると、まったくと言っていいほど比較研究されていなかったのです。

そこで、中小企業でも使えるマーケティング理論を構築するため、まずは動画に着目しました。これからは動画の時代が来ると見込んで、ヒットしている動画を月1000本以上比較研究しはじめました。その膨大な研究データから共通点を見出し、ヒットする動画構造の理論を確立。マーケティングを極める研究室のような会社をつくりたいと思い、動画集客コンサルティング事業からスタートしたのです。

どんなビジネスでも再現性が高い「6マス・マーケティング」

動画集客だけでは集客がうまくいかない業種もあることに気づいたのは、起業して間もないころでした。

「なぜうまくいかないのか?」という悔しさから、さらに研究を重ねた私は、世界中のマーケティングの概念を学びました。「3C4P分析」(3Cは「自社(Company)」「顧客(Customer)」「競合(Competitor)」4Pは「製品(Product)」「価格(Price)」「流通(Place)」「プロモーション(Promotion)」のこと)や「STP分析」(STPは「Segmentation(セグメンテーション)」「Targeting(ターゲティング)」「Positioning(ポジショニング)」のこと)などの基本的なマーケティング理論だけでなく、アメリカの「ダイレクトレスポンスマーケティング」や「ファネル」という見込み客との信頼関係を大切にする考え方と出会って、ようやく出口が見えたのです。

これらの概念は、無作為な飛び込み営業や高額なテレビCMでなんとなく引っかかった人に買ってもらうような、非効率なマーケティングとはまったく異なります。どれも、広告宣伝した自社商品に興味関心を持ってレスポンスしてくれた見込み客に対し、商品やサービスの魅力を伝え、購買行動までのプロセスごとに適切な施策を行う「消費者目線」のマーケティングです。

「この考え方をベースに、動画、コンテンツサイト、メルマガ（メールマガジン）、SNSなど他の手段をかけ合わせて実践的に仕組み化すれば、個人や中小規模の企業でも使える最強のマーケティングができる！」

そう確信した私は独自の集客理論をつくりました。これにさまざまな反響をいただき、海外も含めて年間140回以上の講演活動を行ってきました。これほど徹底的にマーケティングを研究している会社は日本には他に存在しないと思います。

そこで、せっかくならこの理論を誰でも使える再現性が高いものにしようと考え、業種や規模にかかわらず効果がある共通点をまとめてみました。

それが**〈認知〉〈獲得〉〈信頼〉〈フロント商品〉〈メイン商品〉〈リピート・紹介〉**の6つです。

これを6マスにして、それぞれ必要な手段を書き込み、順番に進めて円を描くようにぐるぐる回していけば、誰でもマーケティングができるようになります。実際、この仕組みが完成してからより多くの方が利益を上げられるようになりました。

ただ、1000社近くコンサルティングしてみると、「業種」「業態」「予算」「労力」など、条件に合わせて、より効果的なやり方を選んだほうがいい場合もあります。

本書で紹介するこの6マスの基本を叩き台にして、「Aの戦略が難しければBの戦略を試してみよう」というくらいの気持ちで、自社に合ったやり方を見つけるといいでしょう。

どんなビジネスにも使える6マス・マーケティング

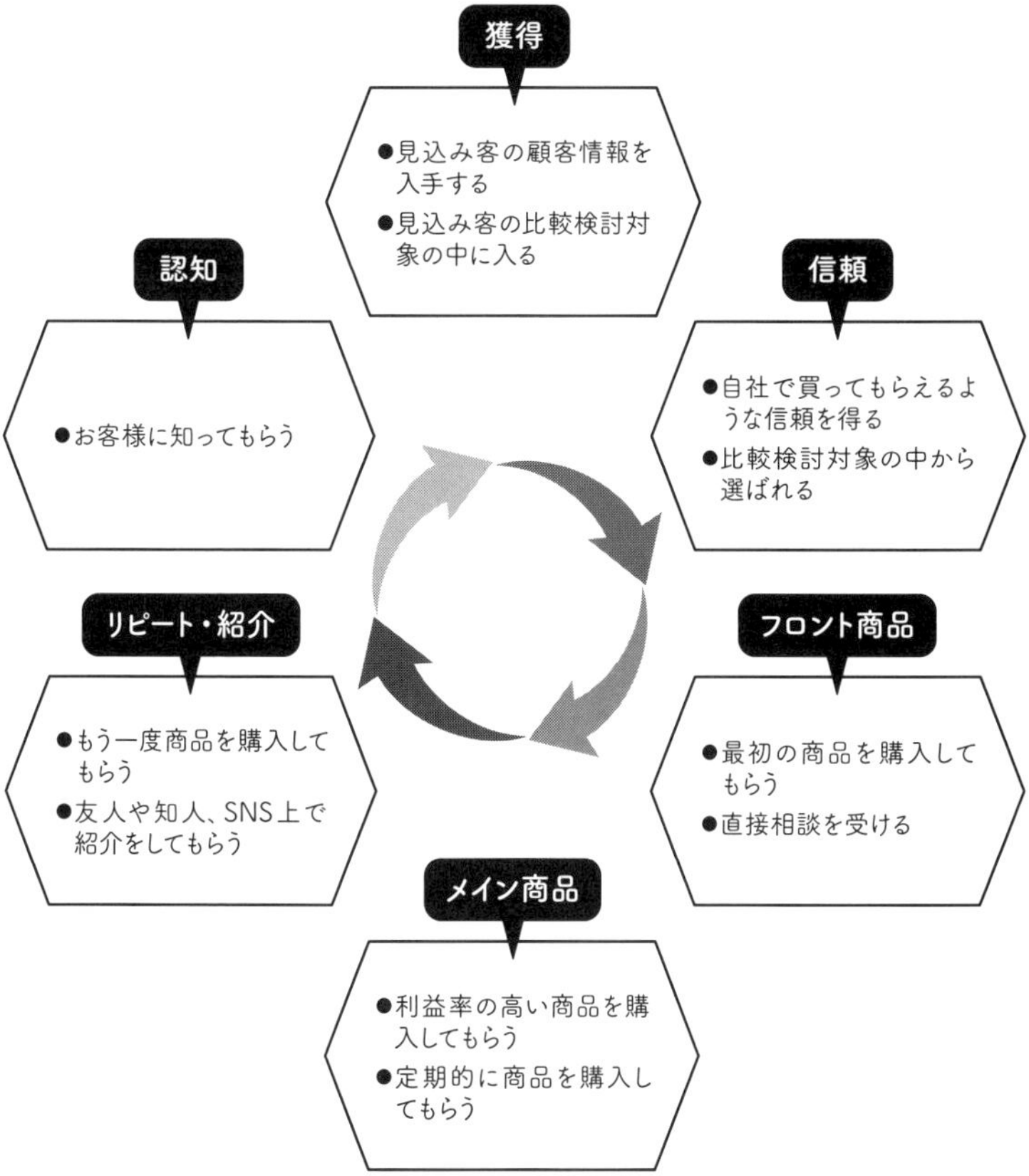
獲得
●見込み客の顧客情報を入手する
●見込み客の比較検討対象の中に入る
信頼
●自社で買ってもらえるような信頼を得る
●比較検討対象の中から選ばれる
フロント商品
●最初の商品を購入してもらう
●直接相談を受ける
メイン商品
●利益率の高い商品を購入してもらう
●定期的に商品を購入してもらう
リピート・紹介
●もう一度商品を購入してもらう
●友人や知人、SNS上で紹介をしてもらう
認知
●お客様に知ってもらう

商品やサービスの「コンセプト」をはっきりさせていますか？

本書を手にとったときの「6マス・マーケティングって何？」という段階から、どんなことをすればいいのか、少しずつイメージが湧いてきたのではないかと思います。具体的な6マスの施策について説明する前に、ひとつ確認していただきたいことがあります。

あなたが売りたいと思っている商品やサービスに

「お客様がお金を払ってでも手に入れたい」

「時間を使ってでもそこへ行きたい」

と心から思えるコンセプトがあるでしょうか？

6マスの仕組みづくりをどんなにがんばっても、顧客ニーズに応えるコンセプトがない商品は売れません。

「〇〇はどんなお客様が求めているものか？」

「〇〇はどんなお客様にとって価値があるものか？」

というように、この機会に自社の商品を当てはめて考えてみましょう。

消費者のニーズは、**「今欲しい顕在的なニーズがあるもの」**と**「あれば欲しくなる潜在的ニーズがあるもの」**の２つに大きく分けられます。

たとえば前者の代表的なものは「困りごとをすぐ解決してくれるもの」。水回りの緊急トラブルを修理するとか、我慢できない身体の不調を改善するといったニーズです。

後者は発売されるまで想像したこともなかったスマートフォンがわかりやすい例でしょう。なかでも、世界中の人々の「これあったら絶対に便利だから欲しい！　デザインもシンプルでカッコいい！」という潜在的ニーズに応えたのがiPhoneでしょう。日本の利用者の割合は約７割に上ります（SHIFTASIA「【２０２３年８月】日本とグローバルのスマホＯＳシェア」〈２０２３／９／26〉より）。

iPhoneのように歴史を変えるほど画期的な製品はレアケースですが、日本にも本当に良いものをつくっている会社や技術力の高い人は多く存在します。

しかし、残念ながら売り方がわかっていないがために広く知られていないケースがほとんどです。そもそも会社を大きくすることに興味がなく、利益をあまり考えずに、お客様が喜ぶ良い商品やサービスをコツコツつくり続けている「一人親方」のような方もいらっしゃいます。そういう技術が優れている方ほど、営業やコミュニケーションが苦手な傾向があると感じます。

届くべき人に届かず埋もれてしまっている「本物の商品」は、売れる仕組みを回すだけで爆発的に売れる可能性が高いのです。

逆に、ニーズがないものをつくり続けて利益が出ていないケースもあります。

そこで、「6マス・マーケティング」を実践する前にもう一度、自社商品のコンセプトを見直していただきたいのです。

本書では、商品やサービスがすでにコンセプトがきちんと決まっていることを前提に話を進めていきます。

何のためにマーケティングをするか、目的を明確に！

「６マス・マーケティング」は次の４つの戦略がベースになっています。

①商品やサービスを知ってもらう
②商品やサービスを購入・申し込みしてもらう
③リピーターになってもらう
④他の新規顧客を紹介してもらう

この４つが揃わなければどんなに良い商品でも売れ続けません。それぞれ目的が異なりますから、優先順位を考える必要があります。

「マーケティングをしたい」という方はたくさんいますが、何をするために必要なのか、目的がはっきりしていないケースが少なくありません。

マーケティング習得で達成する目標

売上・顧客数アップ

- ブランディング向上
- 認知拡大
- 問い合わせアップ
- 資料請求増加
- 休眠客活性化
- 新規購入(来院)増加
- 購入者増加
- 契約・受注率向上
- リピート率増加
- 平均単価アップ

業務効率化

- 営業効率化
- 問い合わせ対応効率化
- お客様連絡の効率化
- 採用効率化
- 経費削減

人材獲得

- 応募者数増加
- 応募者の質向上
- 採用広告費削減
- 技術者の採用

売上・顧客数を伸ばしたいのか?
業務効率化をしたいのか?
人材獲得をしたいのか?

目的と手段はセットですから、やるべき施策も目的によって変わります。

仕組みづくりをしても、いざ実践するとき中途半端にならないように、自社の最重要課題を考えて、もっとも優先すべき目的を明確にしましょう。

その目的を達成するための手段を当てはめていくところから、自社に合った仕組みづくりがはじまります。

6マスを回す「流れ」を理解しよう

あなたの会社が今まで「どのような売り方をしてきたのか」「何が足りなかったのか」を知るために「6マス・マーケティング」の流れを確認していきましょう。

6つの要素をさまざまな手段で回していくとP35の図のようになります。

各マスの具体的な施策や事例については、1章以降で詳しく説明しますので、ここではまず6つの要素と流れを理解してください。

〔認知〕——6マス・マーケティングの1マスめ（詳細→1章）

どんなに素晴らしい商品やサービスでも、何もせずにただジーッと待っているだけではお客様は来てくれません。

ところが、本当に価値ある商品やサービスを生み出しているプロ意識が高い人ほど「この良さがわかる人に買ってもらえればいい」「選んでくれたお客様に満足してもらえればそれでいい」と良くも悪くも商売っ気がない方が多いのです。

町の商店街などといった地元の常連客のおかげで商売繁盛しているところならそれでもいいでしょう。

しかし、現在のようにオンライン通販が増え、衣食住どのジャンルも選択肢が無数にあると、消費者に知ってもらえなければ存在しないのと同じになってしまいます。

消費者も選択肢が多過ぎるので、インターネット記事やSNSでたまたま目にした商品を衝動買いしたり、ネット検索して自分から情報を取りにいって比較検討していますます。ですから、売るほうもターゲットに積極的にアプローチして、自社の商品の何が素晴らしいのか、何に役立つのか伝えなければいけません。

〈認知〉が高まれば、自社の商品・サービスに興味関心を持ってくれる「見込み客」

が増えます。見込み客が増えれば増えるほど、購買行動につながる施策の効果も高まっていきます。

〔認知〕拡大の方法は、「HP」「各種SNS」「SNS広告」「PPC広告」（※PPCは「Pay Per Click」の頭文字。インターネットで表示される課金広告）「クチコミサイト」「オウンドメディア」「新聞やテレビに取材されるためのプレスリリース」「チラシ」など、インターネットを活用した手段をメインにして行います。

〔獲得〕——6マス・マーケティングの2マスめ（詳細→2章）

自社の商品・サービスに興味関心は持ってくれたけれども、まだ購入や申し込みには至っていないお客様候補を**「見込み客」**と言います。見込み客情報（マーケティング用語で「リード」）を入手することを**「リード獲得」**と言います。

実はここがもっとも見落とされがちなステップで、6マスが回らない主な原因となります。なぜ、見落とされがちなのでしょうか？

理由は単純です。仮に100人、自社の商品に興味関心を持ってくれる見込み客がいても、そのうち実際に商品を買ってくれるのは10人くらい。この買ってくれた人たちしかお客様として扱わない企業が多いからです。つまり、「買うか・買わないか」「お客様か・お客様じゃないか」だけで考えてしまう。すると、**「見込み客を集めて大切に関わる」**という考えが抜け落ちてしまうのです。

また、せっかくリードがあっても、リスト化して管理しなければ次のアプローチもできません。すると結局は「買うか・買わないか」の二択で終わってしまうのです。

見込み客情報の〈獲得〉の方法には「プレゼントキャンペーン」「動画やPDF資料のダウンロード」「診断ゲーム」「WEB接客」「クーポン配付」「リマーケティング」などがあります。こうした入り口をターゲットに合わせて用意して、登録してもらったお客様情報をリスト化してはじめてリード〈獲得〉といえます。

〔信頼〕――6マス・マーケティングの3マスめ（詳細↓3章）

リードを〔獲得〕したら、次は自社の商品やサービスをより深く理解してもらって〔信頼〕を築いていく段階に入ります。

お客様は必ず、自社の商品と他社商品を比較しています。エルメスのバッグやヴィンテージのデニムなど、よほど希少価値が高い商品でない限り、あるいはフォロワー数百万のインフルエンサーが全力でオススメした商品でもない限り、他社商品と比較されないで飛ぶように売れる商品なんてないでしょう。

世の中の商品やサービスの大半は似たようなものがあふれているため、衝動買いでもしない限り、お客様はじっくり比較検討してから購入・申し込みを決めます。さらにすぐに新しい商品が登場するので時間が経つと古い商品は飽きられてしまいます。

まずは、自社の商品やサービスが見込み客のニーズに合うものだと認識してもらって、**「比較検討の対象に入れてもらう」こと。さらに「その中から一番良いと感じて**

もらい、選んでもらう」。このために、「良さそう」「一番気になる」「欲しい」「役に立つ」「親近感を覚える」などと思ってもらえる情報提供ややりとりを繰り返し、〈信頼〉を構築する必要があるのです。

〈信頼〉を構築するカギは見込み客の目に触れる回数、つまり見込み客との接触回数を増やすことです。接触回数を増やすオススメの方法は3つあります。

「メルマガ」「LINE公式アカウント」「マーケティングオートメーション（MA）」（見込み客のニーズや属性に合わせた効率的なマーケティングの自動化ツール）です。

いずれも見込み客と3回以上接触すると〈信頼〉が生まれると言われており、最低でも3回は見込み客の目に触れたいです。

〈フロント商品〉――6マス・マーケティングの4マスめ（詳細↓5章）

無料体験やお得な価格で購入してもらうのが〈フロント商品〉です。〈フロント商品〉

を用意することで、試しに買っていただいたお客様に気に入られ、本当に売りたい商品〈メイン商品〉の購入につながります。

開店したばかりのお店にお客様を呼び込むための、割引サービスやプレゼント商品をイメージするとわかりやすいかもしれません。もし、あなたがお店をオープンしたとしたら、前を通り過ぎる人たちにも興味を持ってもらいたいですよね。お店に開店セールなどお得な〈フロント商品〉があるとのぞいてみたくなるもの。そこで気に入られれば、売りたい商品〈メイン商品〉の購入につながるでしょう。

〈フロント商品〉には「格安ランチ」「ジムやエステの初回無料体験や初回限定割引」「プレゼント応募」「お試しキャンペーン」「体験会」「無料イベント」「無料セミナー」「講演会」「無料相談会」などがあります。ただし昨今は、無料でも何か押し売りされるのではないかと警戒する人が増えているため注意が必要です。

〈メイン商品〉——6マス・マーケティングの5マスめ（詳細→4章）

ここでようやく〈メイン商品〉の登場です。〈メイン商品〉は自社がもっとも力を入れている高価格の商品のことです。

ところが、真面目で良心的な経営者に限って「お客様に高い値段で売るのは申し訳ない。できるだけ安くしたい」という商売っ気のない謙虚な方が多いと感じます。良く言えば日本人特有の美徳かもしれません。素晴らしいと思います。

しかし、経営者の立場で考えた場合、利益が少ない事業をボランティアのように続けていても、サポートしてくれている家族や従業員に利益を還元できません。経営状態が悪ければ、後継者が事業を引き継ぐことも難しいでしょう。そもそも広告費を捻出できないほど売上が少ないと、６マスの仕組みができても効果が低くなってしまいますから、〈メイン商品〉は利益率重視で価格設定を行い、企業成長をうながす商品にしましょう。

〈メイン商品〉で広告費を捻出する計算式も含めて、4章で利益率について詳しく説明しますので、ぜひ参考にしてください。〈メイン商品〉には、その会社の看板となる商品「高付加価値商品」「サブスクリプション商品」「回数券などの継続購入商品」「セット商品」「まとめ買い商品」「大規模契約サービス」などがあります。

〈リピート・紹介〉——6マス・マーケティングの6マスめ（詳細→6章）

〈メイン商品〉を購入、申し込みしてもらったらひと安心。……ではありません。

お客様にその後も〈リピート〉してもらわなければ、また〈認知〉から再スタートです。100人、次に新しい100人……の繰り返しで顧客がなかなか増えていかないからです。

しかし、**顧客がリピーターになり、友人知人を〈紹介〉してくれたり、SNSでもオススメしてくれれば、100人が150人、さらに〈リピート〉やクチコミが増えて200人と枝葉のように見込み客や顧客が増えていきます。**

売り手側から強制してはいけませんが、〈リピート・紹介〉をうながす手段としては「友達紹介割引・特典」「SNS投稿割引」「クーポン発行」「ポイントカード」「定期的なフォローアップ」などがあります。〈リピート・紹介〉が増えるとクチコミで〈認知〉も高まっていくので、広告にかける予算や労力の軽減にもつながります。

ここまでの6つの要素がぐるぐる回る状態が、6マス・マーケティングの完成形です。

さて、あなたの会社は6マスのうちいくつ実行できているでしょうか？

売るための仕組みは回っていますか？

自社のマーケティングの全体像を把握する

自分の会社が何をどこまでやっているか把握すれば、６マスを回すために次に何をやるべきかが見えてきます。そこでまずはＰ53の図の６マス・マーケティングチェックシートに、自社ですでに取り組んでいることを書き込んでみましょう。

私が中小企業向けの講演で**「６マスのチェックシートに自社の取り組みを書き込んでください」**と言うと、すべてのマスを埋められない方がほとんどです。自社で何をやっているか全体を把握していない経営者もいます。そういう方には、**「社員がどんな取り組みをしているかすべて確認してください」**とお願いしています。

たとえば地域に根ざしている企業だと、地域に住んでいる方向けにスタッフが毎月お便りを送っている会社もあります。一見、地味に見えて、〈信頼〉を育むとても大事な施策ですから、６マスに書き込んでもらいます。

今までマーケティングに力を入れてこなかった方は、「うちの会社はどれも中途半端で完成形とはほど遠い」「6マスがまったく埋まらないから、何から手をつければいいのかわからない」と思われるかもしれません。

でも、**どんなに成功している会社でも、最初は社名も商品名も誰にも知られていないゼロからのスタートで、そこから顧客を増やし利益を拡大しているのです。**

もちろん、業種によって6マスの要素の施策は「合う・合わない」があります。そこで、業種ごとに6マス・マーケティングの「売れる仕組み例」と「ダメな例」「特徴」をお伝えします。また、最近は業種にかかわらず「人材採用」も重要ですので、こちらも含めた7つのパターンを掲載しています。

自社の取り組みと比較しながら、何が足りないのか全体像を把握しましょう。

6マス・マーケティングチェックシート

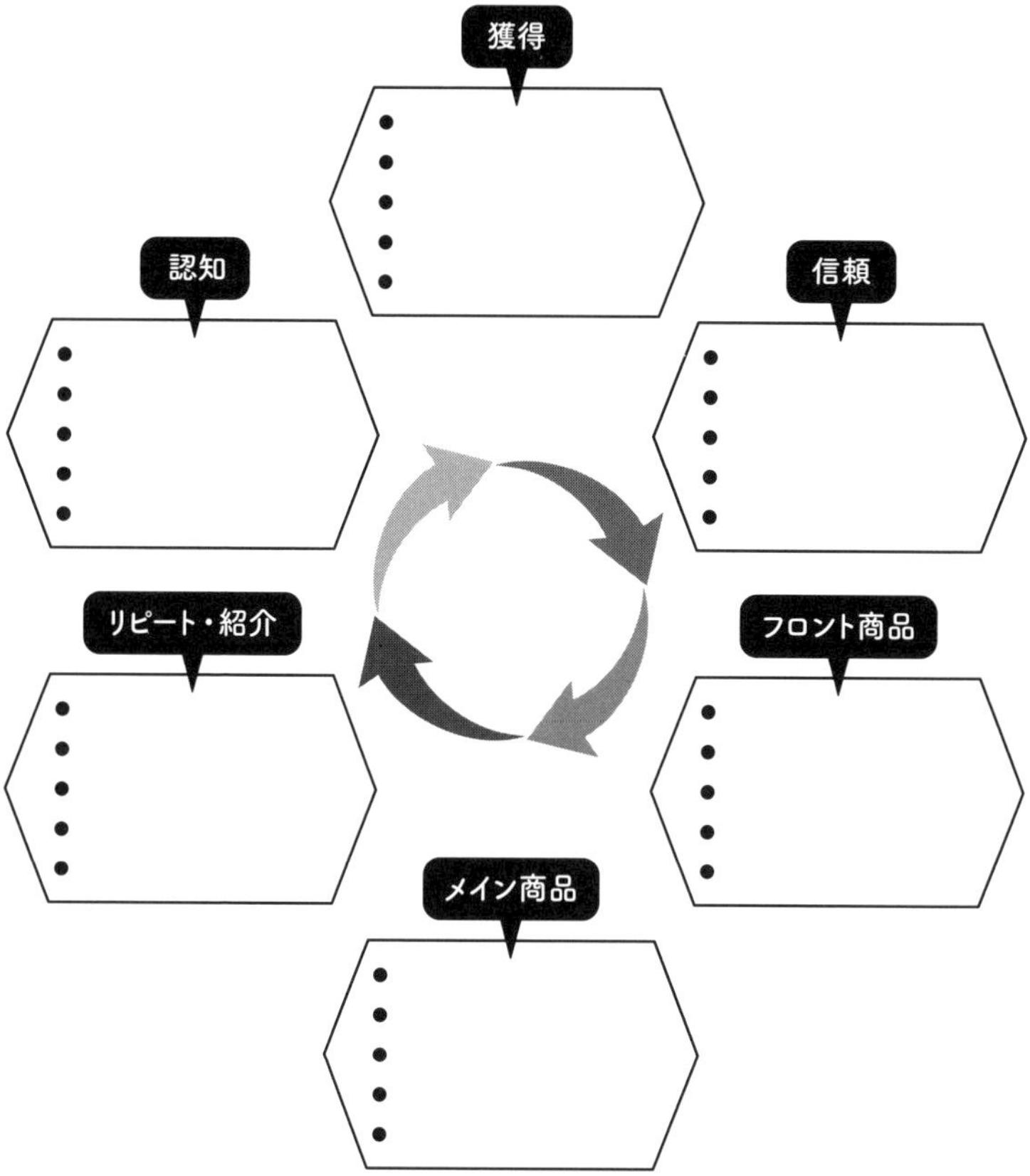

業種ごとの特徴①

B to B

（大手〜中規模の企業をターゲット顧客とする事業）

主な業種：メーカー、銀行、運輸、通信、電気、ガス、建設、不動産、総合商社、コンサルティング企業など。従業員500〜1000人の中規模から1000人以上の大手企業をクライアントとする企業。

マーケティングの特徴：ターゲットとする企業は数百人から数千人規模の企業が対象で、直接の名刺交換や対面営業、展示会への出展が主体。契約金額は大きいですが、顧客獲得までに時間がかかり、決済にも時間がかかるケースが多いです。

〔信頼〕を構築するため、メルマガ配信、WEBセミナー（ウェビナー）開催、情報の無料提供など、途切れなく接触する必要があります。ですが、仕組みが効率化できている企業は多くないです。

基本的に商談は営業任せ。ただ、コロナ禍でオンラインを活用して顧客獲得に成功した中小企業も増えたため、大企業も従来のやり方を見直す動きが活発化しています。

また、大手〜中規模企業の場合、〔フロント商品〕として一般的なのはお客様に直接ヒアリングし、プランを提案しながら、見積りを提出することです。

ネットの自動見積りや比較サイトも増え、競合他社との差別化や営業・マーケティング活動の効率化やデジタル化を行っている企業も増えています。

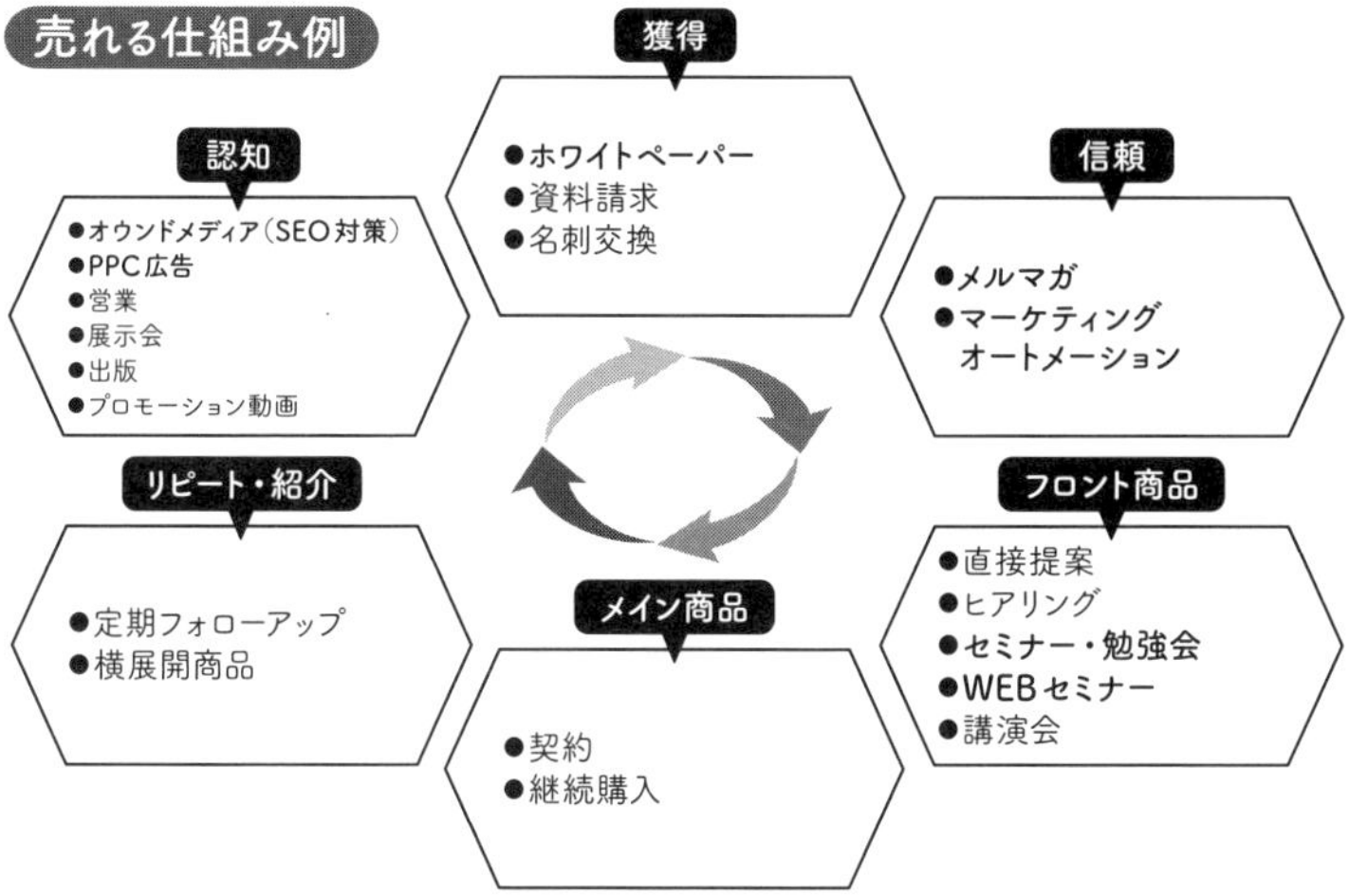

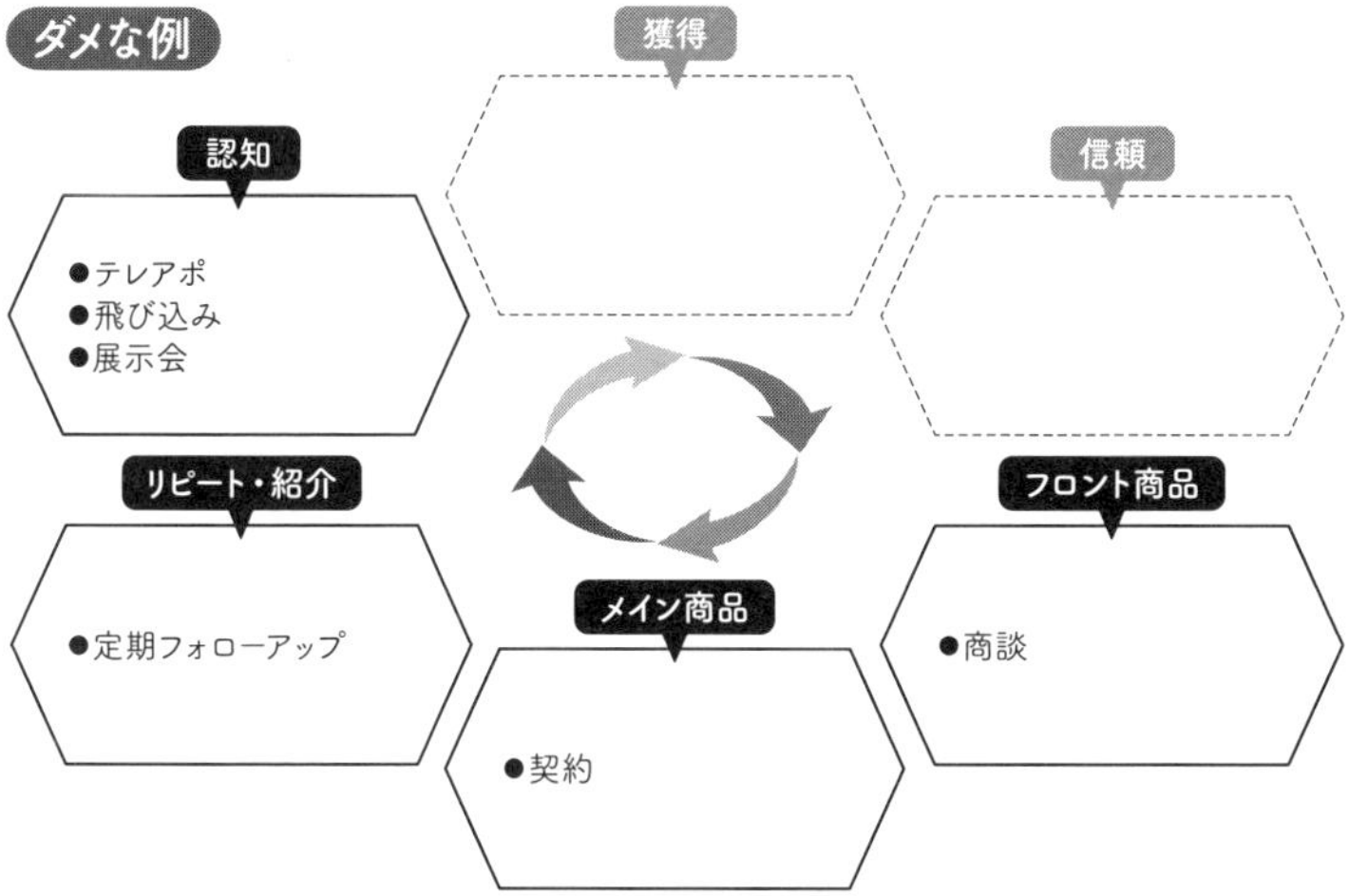

見込み客を生んでいない。「顧客・顧客ではない」の二択しかなく、数で勝負の営業に頼らざるを得ないため、営業効率が悪い。

業種ごとの特徴②

B to B
（小規模企業をターゲット顧客とする事業）

主な業種：メーカー、地方銀行、保険、機器販売、通信、不動産、フランチャイズ、専門商社、地方自治体、広告など。個人や家族で経営する企業、小規模店舗、クリニックなどの従業員１～500人までの中小規模の企業をクライアントとする企業。
マーケティングの特徴：数人から数百人規模の企業が対象のため、フットワークが軽く、決裁者とも早い段階で商談できるケースが多いです。

ＢtoＢではあるものの、大企業よりも決裁権を持つ経営者層に会いやすい企業が対象になるため、ＳＮＳやメルマガの効果が高いです。実績がある場合は、出版物で〔信頼〕を得ることも可能です。

ただし、銀行、保険、不動産など業種によっては、いまだに飛び込み営業をはじめとした対面営業がメインで、一緒にお酒を飲んで〔信頼〕を育む、昔ながらのビジネススタイルが主流です。そのため、世代が異なるデジタルネイティブの若い人を採用しても定着しにくい弊害もあります。

同様に、地方自治体もデジタル化の遅れが目立ち、地場企業に対するマーケティングの施策が手つかずのところが多いです。「地場産業を盛り上げる無料イベントに２００社募集しても２社しか応募が来なかった」「商工会議所から関係各社にメールを一斉同報しても３割は送信先不明で戻ってきた」といった話もよく耳にします。

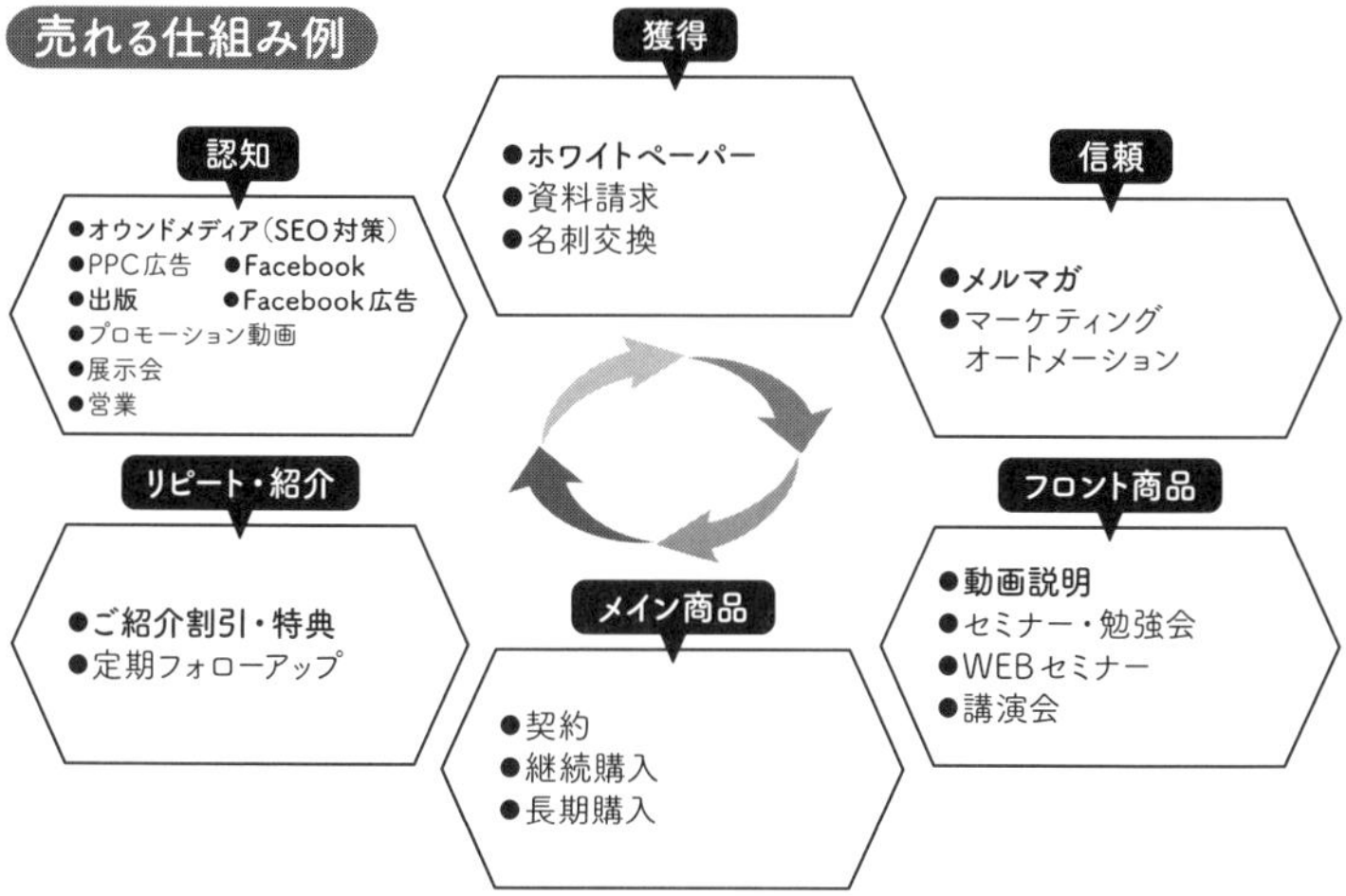

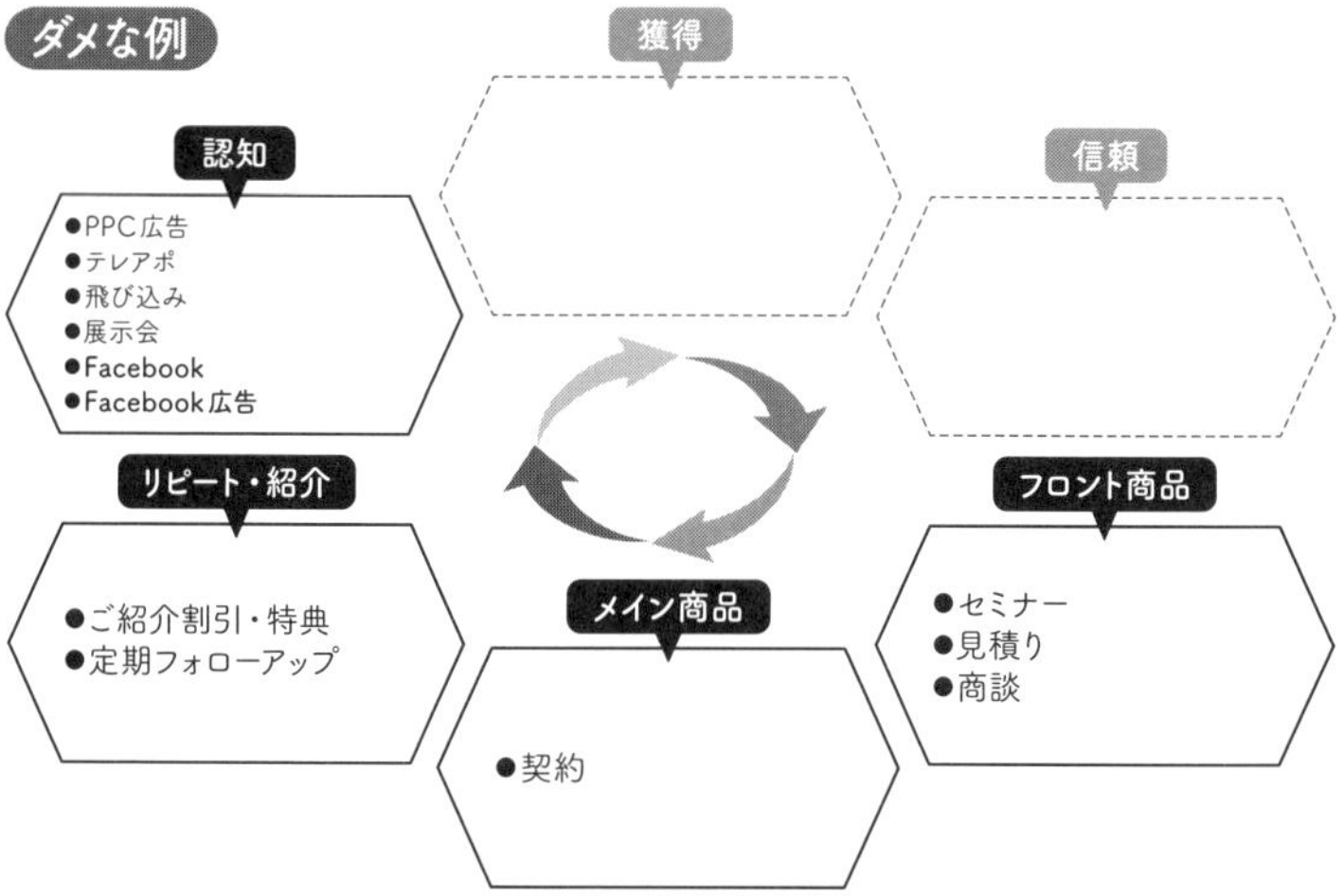

常に広告の力に頼っており、見込み客の育成も行っていないので、顧客の〔獲得〕単価が高くなってしまう。今はこの戦略が良いとしても将来的には広告単価がさらに増加してしまう。

業種ごとの特徴③

店舗事業

主な業種：レストラン・カフェ、トレーニングジム、各種教室、工務店、不動産、スーパー・小売店、クリニック・歯科、眼科、接骨院、整体・マッサージ店、ヘアサロンなど。

マーケティングの特徴：店舗の近辺に居住している人、勤務している人が顧客対象のため、競合店舗との差別化がポイント。にもかかわらず、見込み客との〔信頼〕を育んでいくという発想がない店舗が少なくありません。

業種によってはマーケティングが盛んで、特にヘアサロンやエステなどの美容業界は進んでいます。自費診療メインの歯科、眼科、形成外科などのクリニックもマーケティングに積極的です。

逆にレストランやカフェはSNSなどほとんどやっていない店舗が多く、食べログやホットペッパーグルメに頼っている状況です。接骨院、クリニック、各種教室も古くから営業していて何もしていないところが多いですが、デジタルに強い院長や先生はサイトを見やすく整え、ブログやSNSを活用しているところもあり、差が激しいです。

地域密着型の店舗は、不特定多数の人に向けたWEBマーケティングは必要ないと思われがちですが、LINE公式アカウントをはじめとしたアプリやクーポンなどの地域密着のWEBマーケティング施策も増えており、高い効果が期待できます。

ところが、同業のライバルが多いため、周りの店舗に影響されて、安易にSNSやブログをはじめて失敗しているケースも目立ちます。

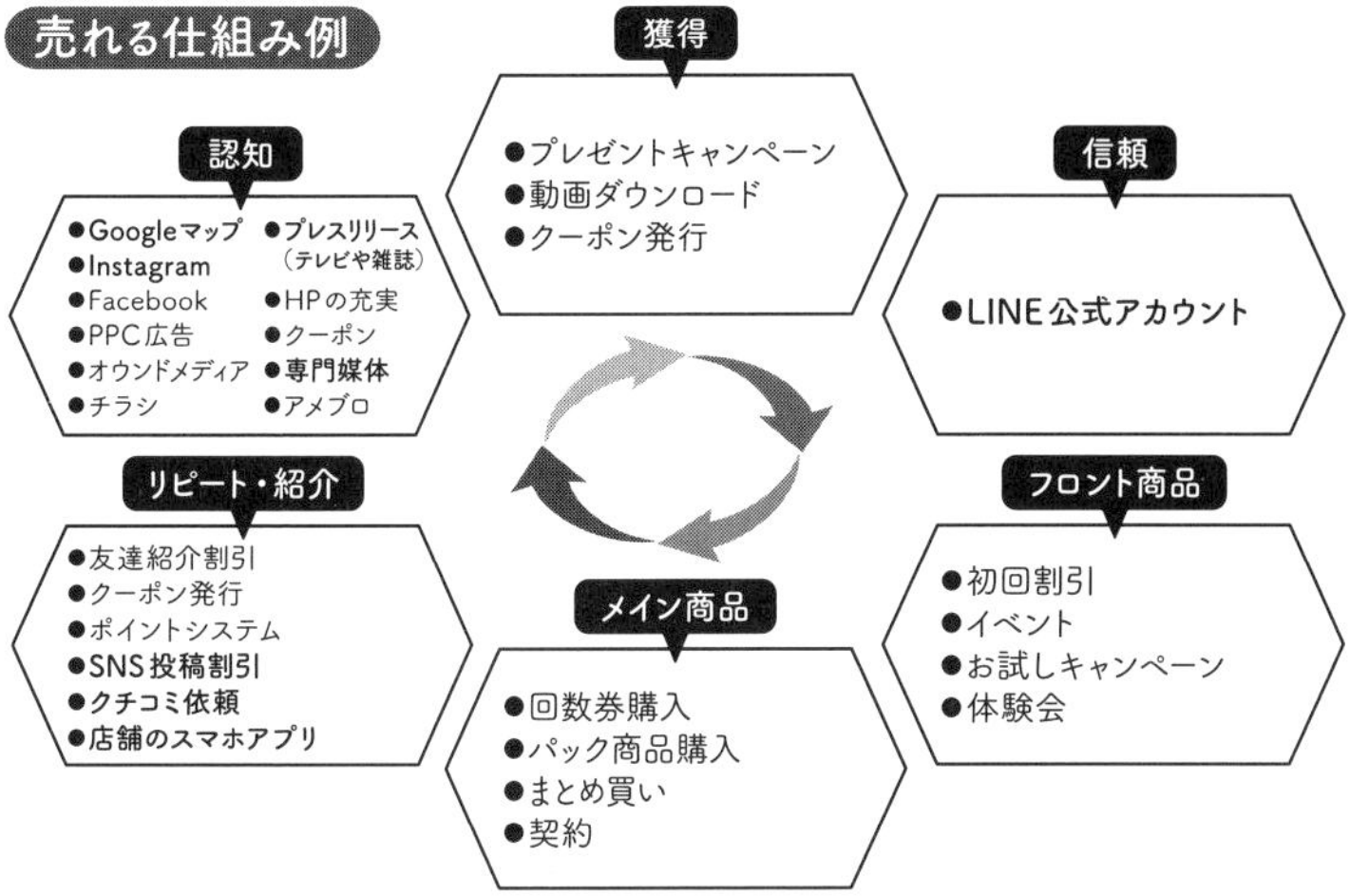

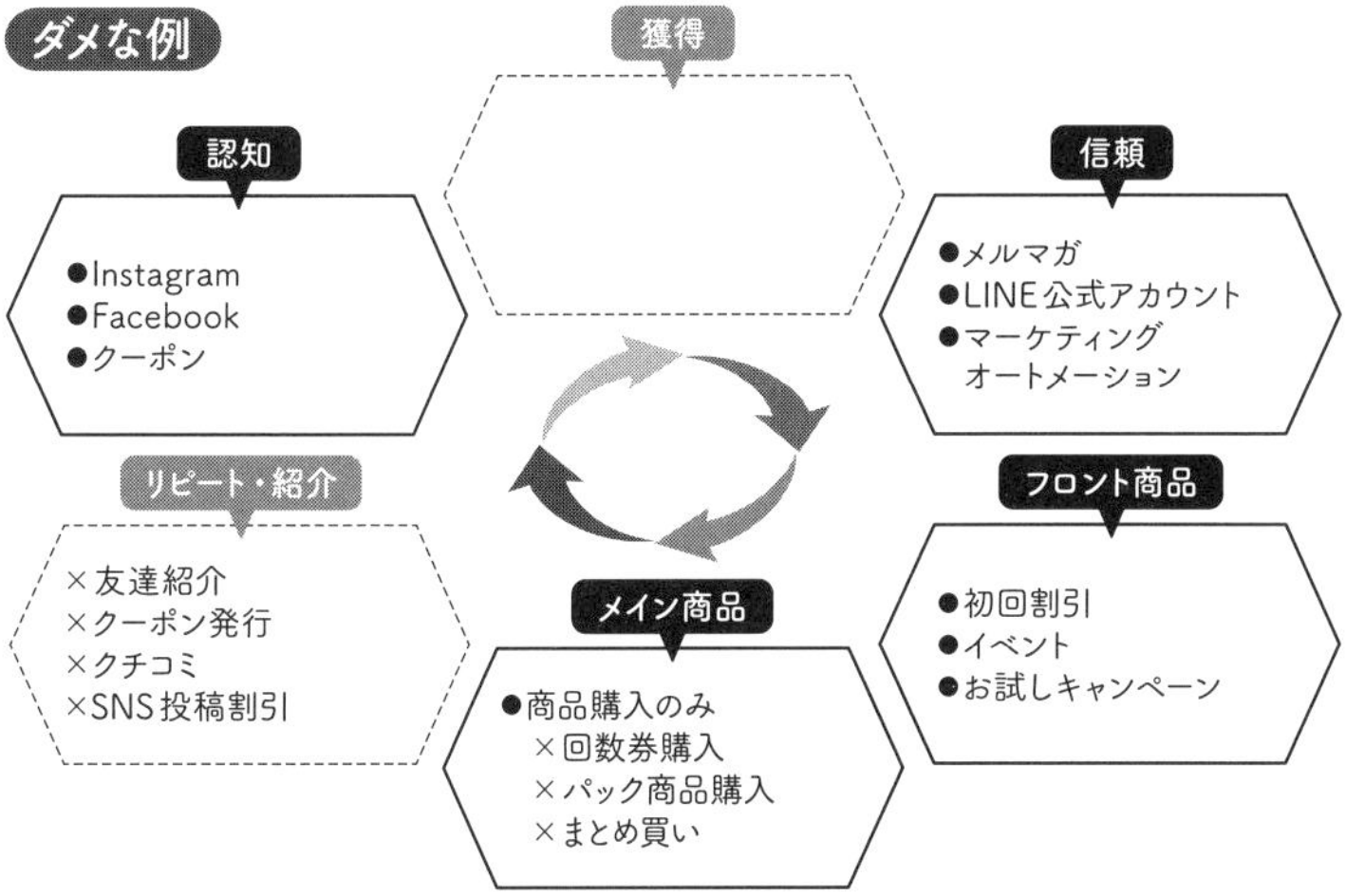

単なる購入のみではなく、回数券・パック商品・まとめ買いなど、〔メイン商品〕の顧客単価を上げるための工夫がない。買って終わりではなく、〔リピート・紹介〕してもらえるような施策が必要。

業種ごとの特徴④

地域産業

主な業種：観光施設、レストラン・カフェ、ホテル、旅館、遊園地・動物園・美術館、土産店など。
マーケティングの特徴：県内はもちろん、県外の一般消費者がターゲット顧客になるため、地域産業、観光資源、自社の魅力をいかにわかりやすく、多くの人に伝えられるかがポイント。

ＳＮＳで〝映える〟場所や名物を増やして人気を集めている観光名所や宿泊施設も増えています。TikTokやYouTubeで人気になった動物園や観光施設など、広く拡散してもらいやすいアイディアで成功しているケースもあります。

たとえば、「海に一番近い駅」と呼ばれる愛媛県伊予市の下灘駅は青春18きっぷのポスターに採用されたことでInstagramを中心に大人気になりました。今では他県から観光客が絶えない無人駅となりました。

下灘駅の成功は単なるラッキーではなく、自治体や地元住民による多くの観光客誘致の挑戦と失敗の末にたどり着いた成功です。地道な取り組みがマーケティングとして成功した例としてぜひ参考にしてみてください。

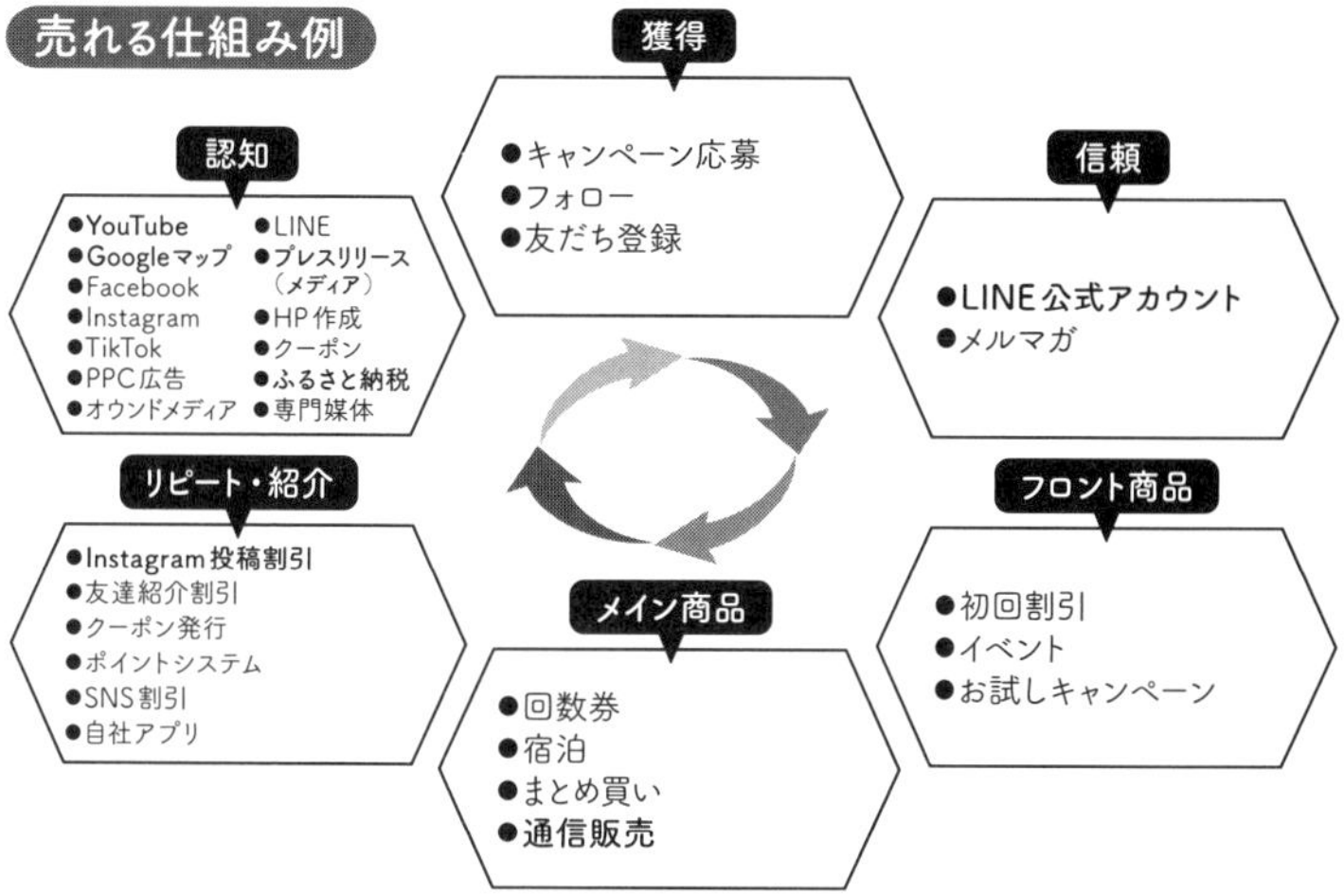

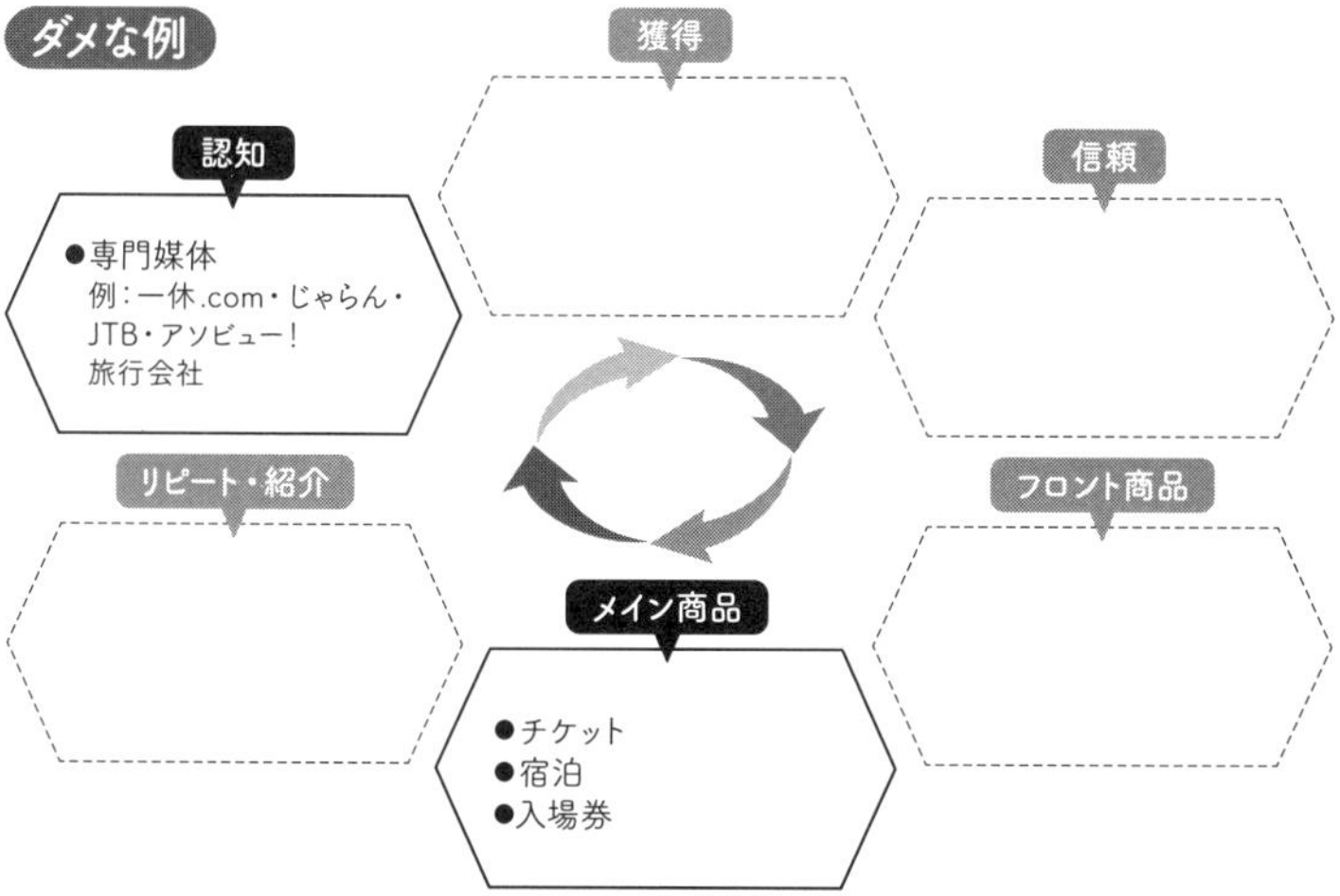

旅行代行会社や専門媒体に頼っているので、自社でお客様や見込み客を〔獲得〕する流れがない。売上を他社に依存しており、コントロールできず、とても不安定な状態。

業種ごとの特徴⑤

物販・EC事業

主な業種：食料品、生活雑貨、衣料品、家電製品、家具などあらゆる商品の販売事業。
マーケティングの特徴：店舗が通販もしている会社と、通販だけに特化して新たに参入した会社などさまざまな会社が混在している状況です。コロナ禍で通販の需要が急増したため、Amazonや楽天市場をはじめとしたECサイトでのランキングやクチコミも重視されるようになりました。

ＥＣサイトは出店するのに手数料がかかりますが、ふるさと納税で販売する場合は出品のための初期費用がかからないケースが多く、お得です。

ＥＣサイトで売上が伸びた店舗が、オンライン販売だけに特化するケースもよくありますが、通販と店舗の相乗効果で売上を拡大している企業もあります。

有名なのは鳥取県にある澤井珈琲で、「楽天ショップ・オブ・ザ・イヤー」を連続受賞、年商20億円以上（２０１７年）の人気店です。鳥取県、島根県、東京都、台湾に実店舗やカフェも展開していて、Facebook、ＬＩＮＥ公式アカウント、YouTube、Instagramなど、あらゆる手段を使って全方位的にマーケティングしています。弊社のクライアントではありませんが、見本のような成功例のひとつです。

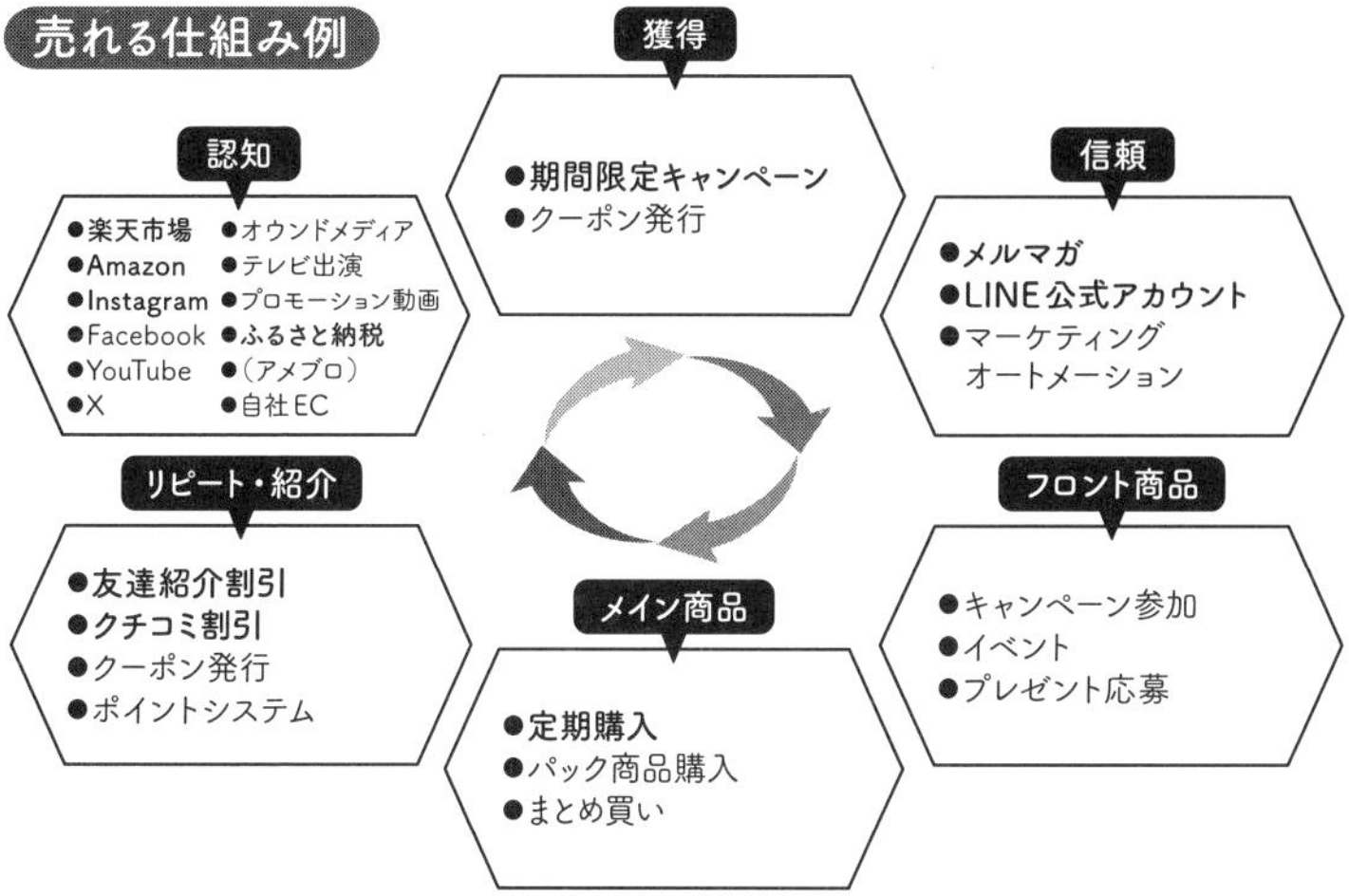

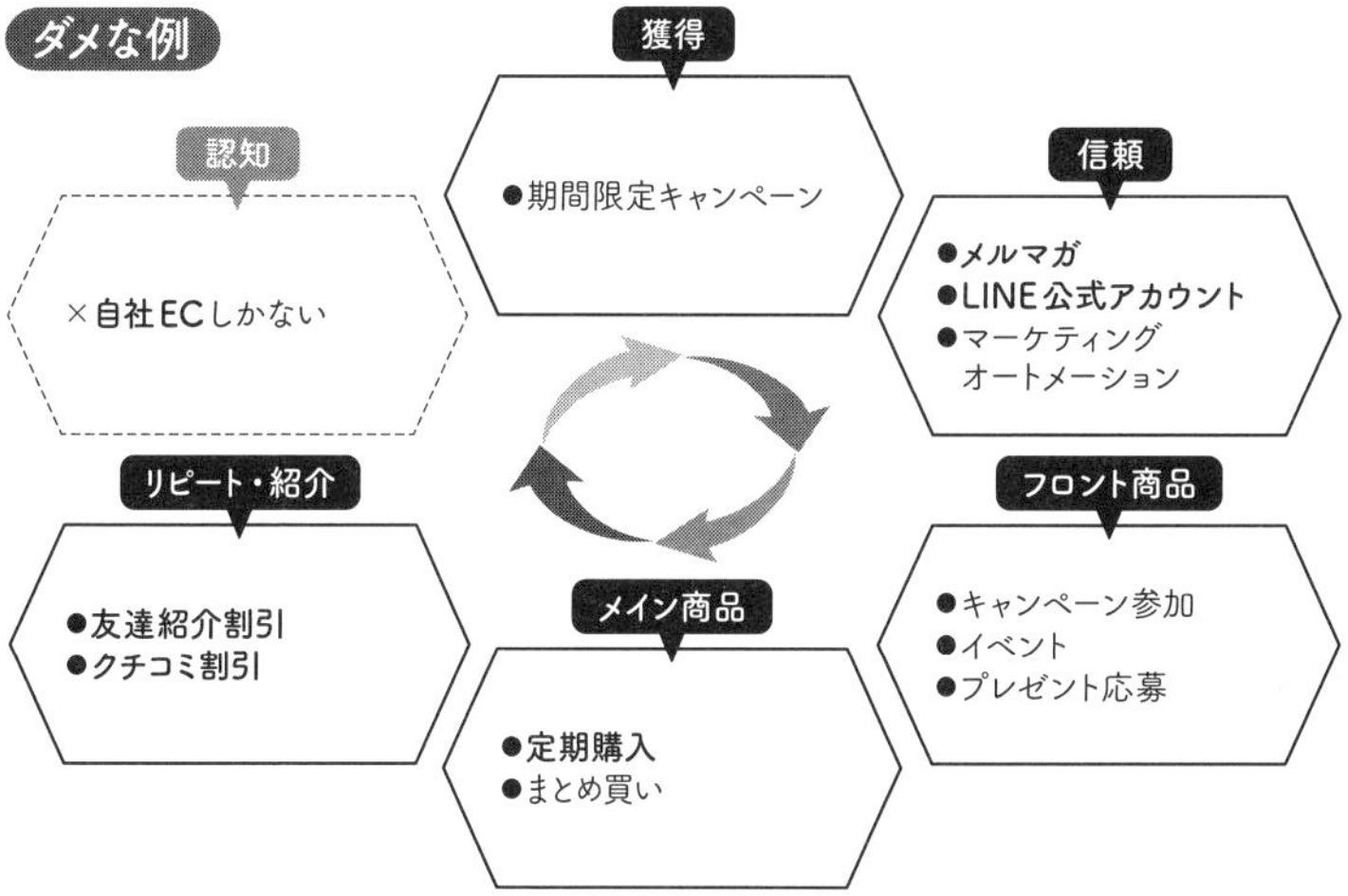

〔認知〕の媒体が自社ECしかないので、なかなか商品が広まらない。EC立ち上げ時は楽天市場などのECモールを活用して認知度を高めないと、売上を伸ばすのは難しい。

業種ごとの特徴⑥

悩み・課題の解決、コンテンツ販売事業

主な業種：治療院、子育て教室、ダイエット・美容サロン、恋愛・結婚相談、コスメ、健康食品、歯科医院、育毛、心理カウンセリング、水回り修理、リフォーム、害虫駆除など。
マーケティングの特徴：自分の悩みや課題を解決するために、積極的に検索や情報収集を行っている人がターゲットとなるため、悩みや困りごとを解決したいタイミングで自社の広告や投稿を見てもらうことがポイントです。

ターゲットが明確なのでアプローチしやすいメリットがありますが、一歩間違えると怪しいビジネスだと思われるデメリットもあります。実際、違法ビジネスや違法すれすれのビジネスが存在するのもこの業種で、美容関係では化粧品やサプリメント、ダイエットに対する広告規制も年々厳しくなっています。

一度失った〔信頼〕はなかなか取り戻せませんから、自社のHPはもちろん、広告宣伝に使う言葉や表現、写真の選び方にも細心の注意が必要です。デジタルマーケティングがもっとも発達している業種でもあり、企業も個人事業主も多くはメルマガ、ブログ、SNS投稿を積極的に行っています。

また、悩みごとや困りごとは、「ハイスペックでお金持ちだけど、仕事が忙しくて結婚できないエリート男性向け婚活」とか「二度とリフォームを失敗したくない不動産オーナー」など、狭い分野に絞り込んだターゲット層向けに施策をしかけていくと効果が出やすくなります。

悩みや課題の解決にはそれなりに予算も時間もかかるため、本当にその商品やサービスを欲しいと思う人だけを集める仕組みづくりが重要です。そのため、顧客の体験談などは〔獲得〕や〔信頼〕につながりやすい傾向があります。

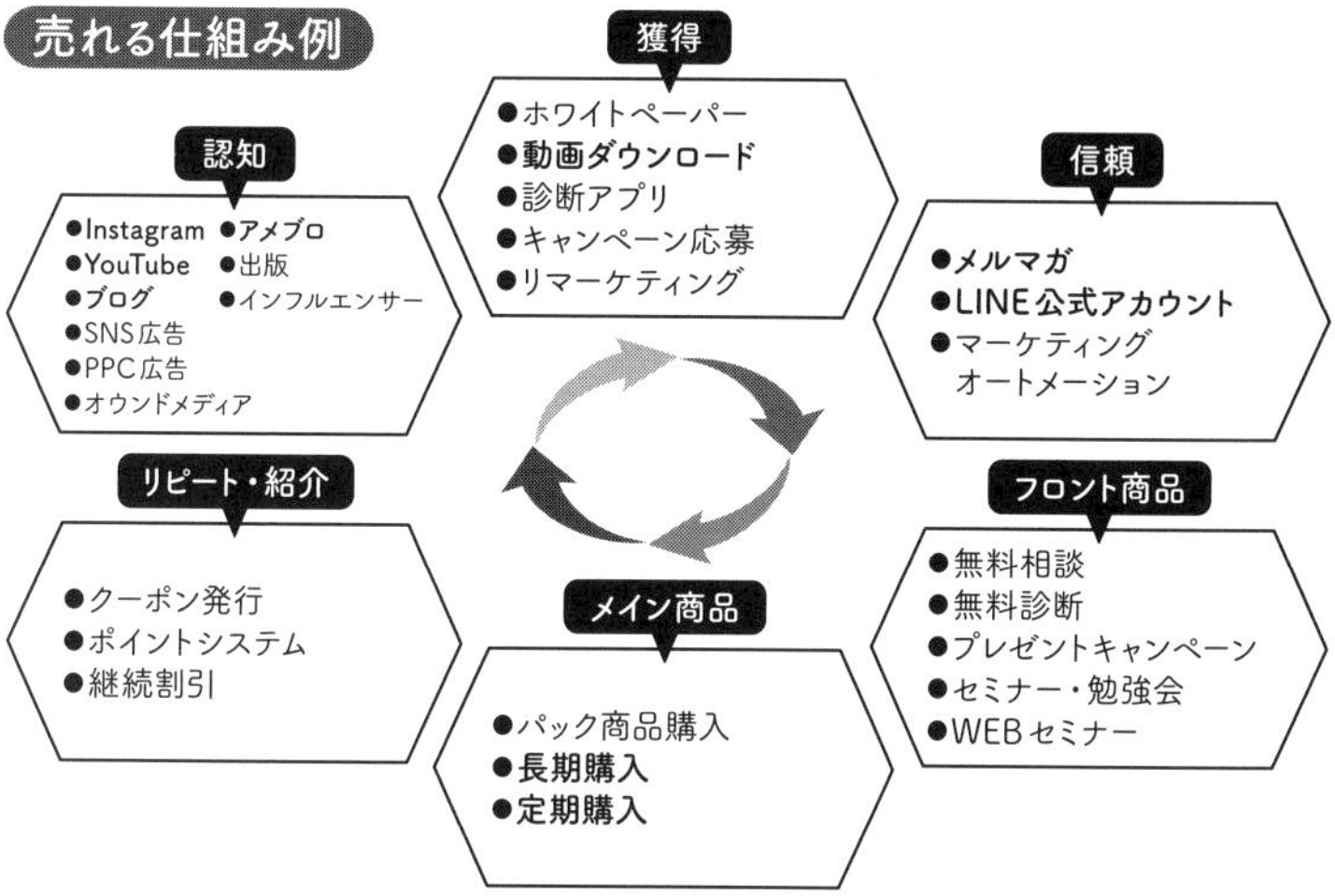

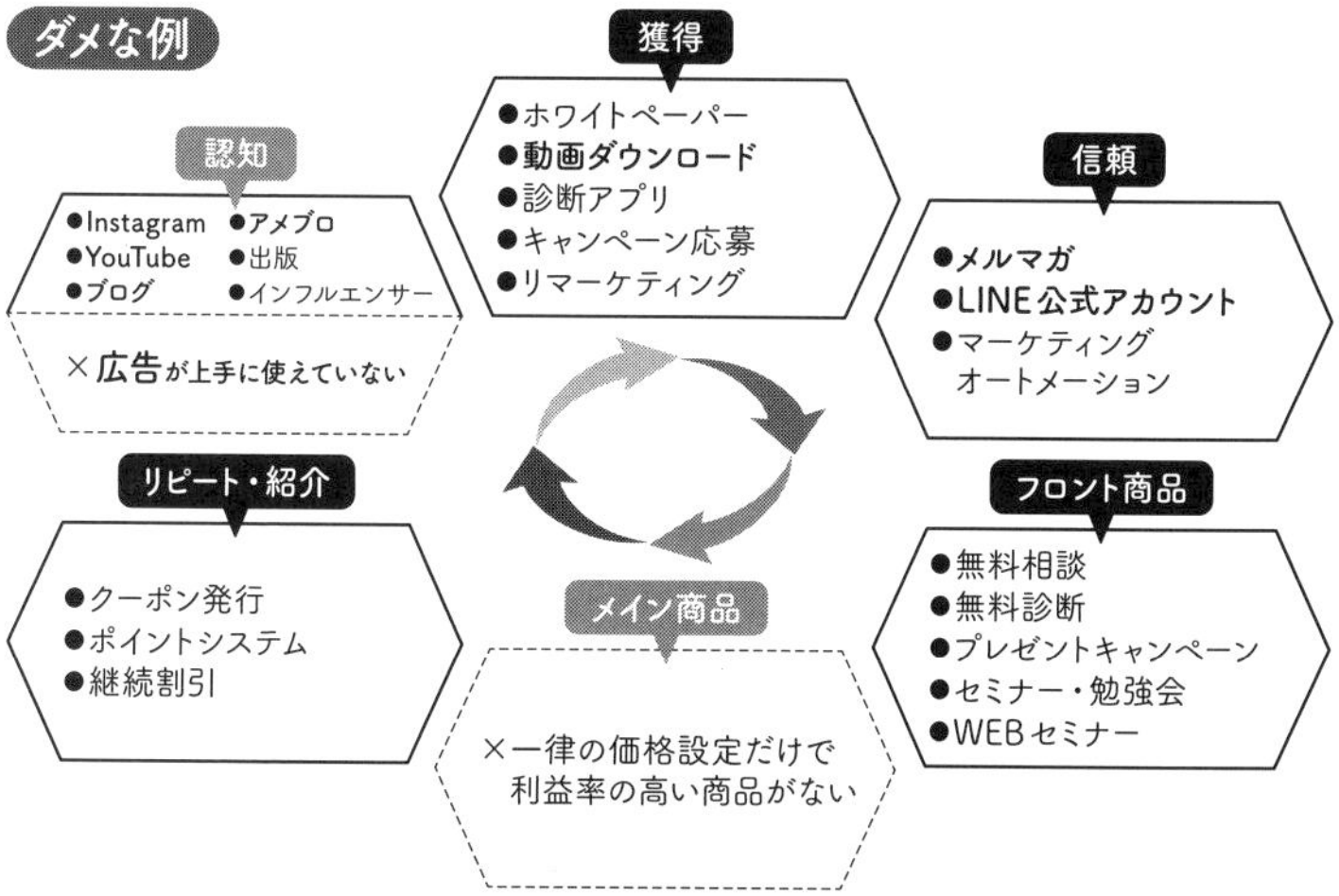

広告を上手に使えていない。無料のSNS運用やブログのみで流入を狙うが、実際は広告がないと時間がかかる。〔メイン商品〕からしっかりと利益をつくり、広告費を捻出するなど工夫が必要。

人手不足企業の特徴

人材採用

主な業種：人材採用を課題としているすべての企業。
マーケティングの特徴：人材採用のニーズは高まっていますが、マーケティングと考え方はとても似ています。ただ、少子高齢化で若い世代が少なくなっているので、レベルの高い採用マーケティングが求められているのが現状です。求人・転職サイトもたくさんありますが、掲載料が高く、採用してもすぐ辞めてしまう人が多いため、「この会社で働きたい！」と強く思ってもらえる施策が重要になります。

ＳＮＳもＨＰも更新せず古い情報のままだったりすると、不安や不信感を与えてしまいます。散らかったオフィスの写真や社員の乱暴な言葉遣い、悪いクチコミなど、ちょっとしたことでもマイナスイメージを与えるので、ブログやＳＮＳの使い方も注意が必要です。配慮したうえで積極的な発信を続けることが、人材採用では不可欠になっています。

具体的には、自社ＨＰ、採用サイトの改善です。思わず読みたくなるような魅力的なデザインに整えて、採用後のキャリアパスや、先輩インタビューを入れたり、ＳＮＳで日々の活動や社員の声を紹介したりなどして、コンテンツを充実させます。そのように、採用したい人たちに向けた発信をコツコツと続けていると入社後のギャップも少なくなりすぐ辞めてしまう可能性も軽減できるのです。

また、採用したい人材を深掘りし、競合があまり欲しがらない人材をあえて募集すると集まりやすくなります。

弊社が正社員を募集した際、１人の採用枠に１５０人ほど応募がきました。条件に在宅ワークＯＫで柔軟に働けるようにしたからです。人材採用は工夫次第で解決できることはまだまだあります。

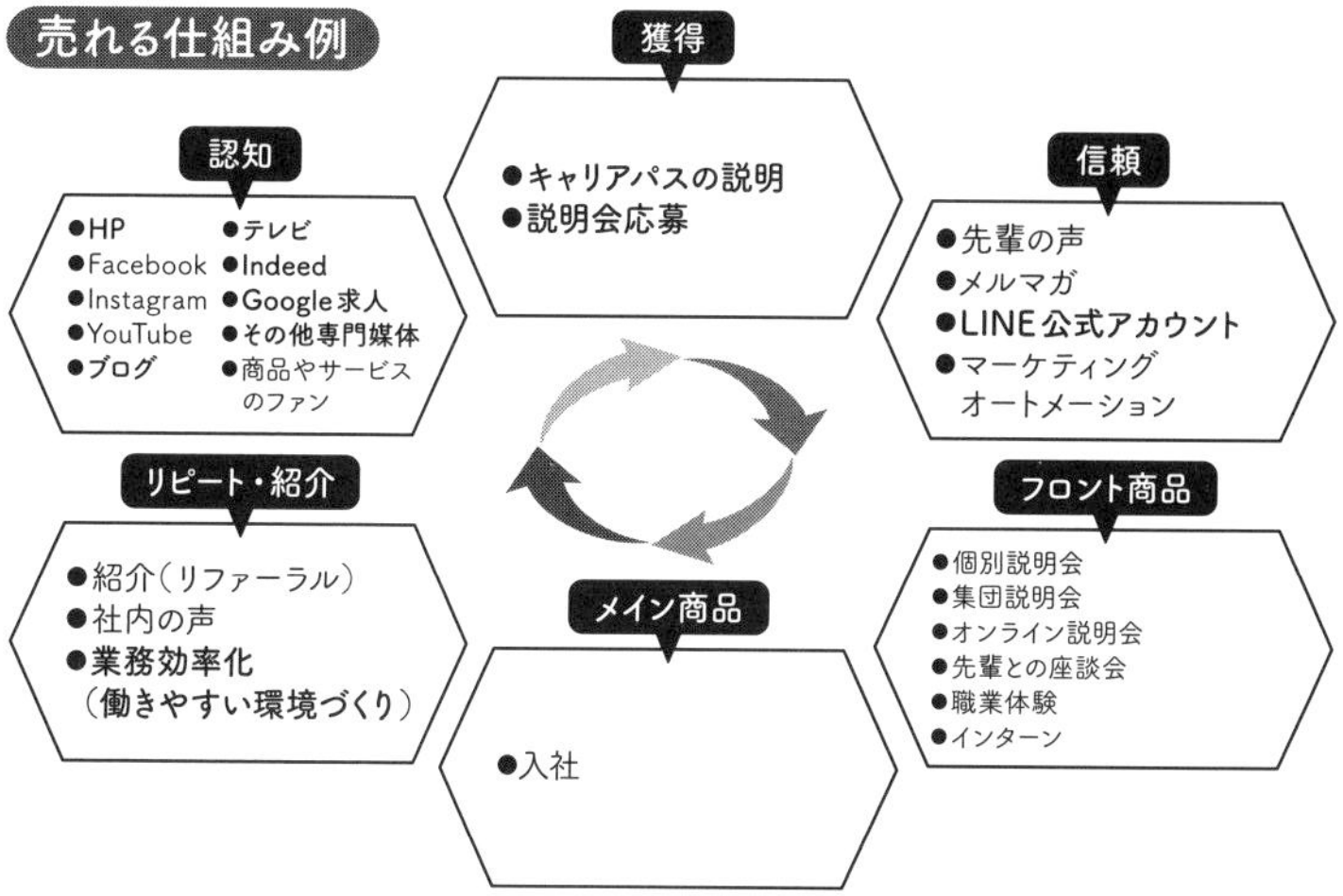

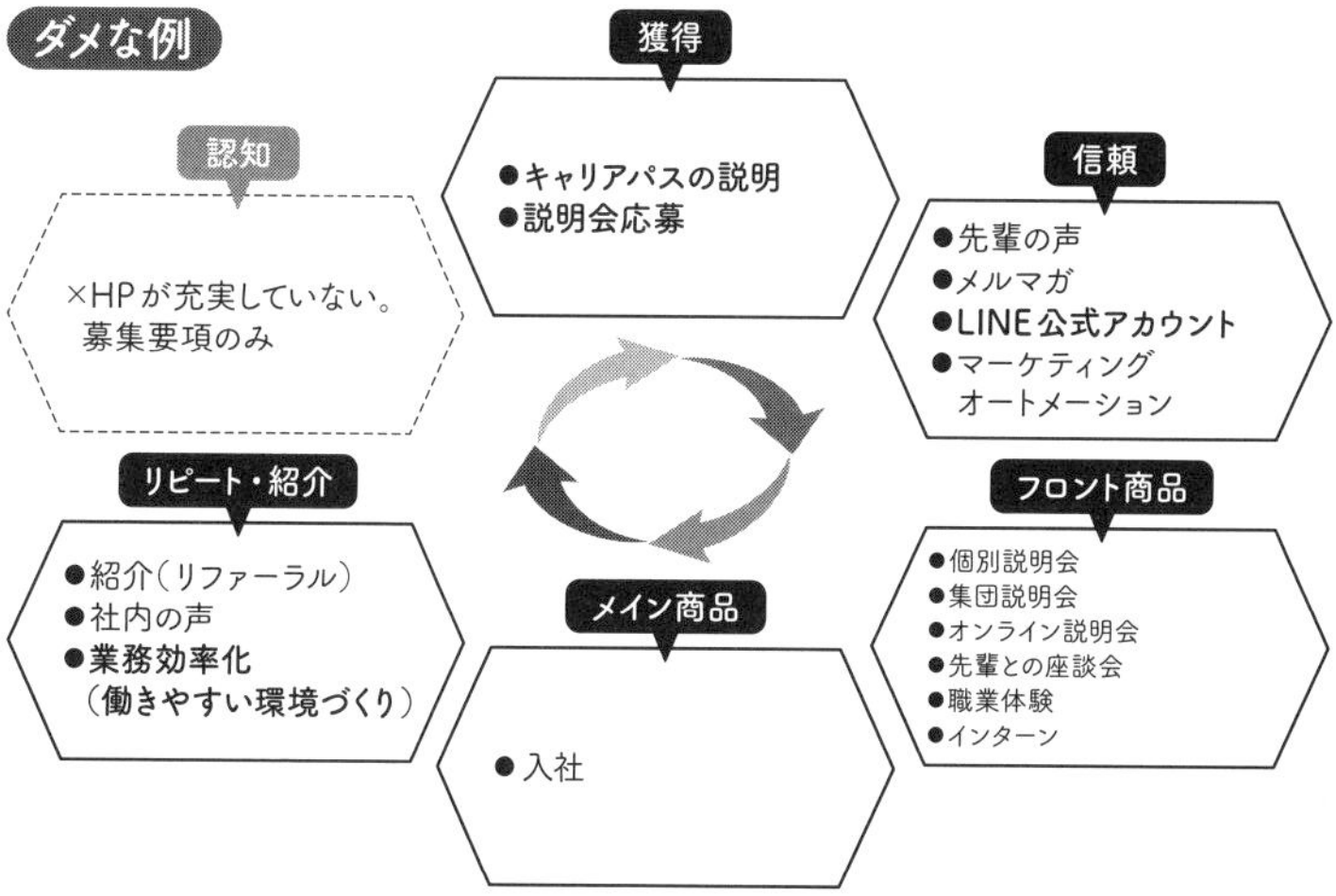

採用の内容が募集要項のみ。その会社の魅力やそこで働くことのイメージが伝わらない。

「強み」「弱み」「労力と予算」に合わせた戦略を

ここまで業種ごとのマーケティングの特徴をお伝えしてきました。

自社の取り組みを6マスに書き込んだあと、業種別のポイントと比較したうえで、強みと弱みを整理してみましょう。

「〈認知〉はできていたけれど、〈獲得〉まで考えたことがなかった」

「〈メイン商品〉を売ることばかり考えて、〈フロント商品〉に力を入れていなかった」

「メールやLINEを使って〈信頼〉を築けるとは知らなかった」

「〈メイン商品〉に、回数券やまとめ買いの発想がなかった」

このように新たに気づいた点や間違った考え方をしていた点もあるかと思います。

マスを埋められなかった原因や、6マスの流れをさえぎっていた問題点をすべて洗い出してみてください。

たとえば、〈認知〉のため、SNSを活用してフォロワー数が増えても、そこで〈フロント商品〉や〈メイン商品〉の紹介をしていなければ大きな機会損失になります。あるいは、期間限定のキャンペーンで新規顧客が来ても、LINE公式アカウントやメールアドレスの登録をお願いしなければ、つながりが途切れて〈リピート〉してもらえない可能性もあります。

6マスはどれもつながっているので、相乗効果で回っていく流れが理想です。ところが、それぞれの担当者が違っていたりすると、お互い何をやっているか把握せず、連携がうまくいっていないケースもよくあるのです。そこで全体を俯瞰して、6マスがそれぞれどう連動しているか確認し、整合性を図りましょう。

また、6つの要素には業種ごとに適した手段がありますが、労力と予算によってできること・できないことがあります。特に、個人や少人数で事業を営んでいる場合、メルマガ、LINE、SNSをフル活用するのは難しいでしょう。

予算的に、高額の広告を出せない企業もたくさんあります。

そこで1～6章を参考にして、自社の労力や予算に見合った条件で優先的に取り組めそうなものを取捨選択してみましょう。

そのやるべき取り組みを6マスのチェックシートに追加で記入しましょう。それが、あなたの会社が目指す理想の「6マス・マーケティング」になります。

現段階でまだよくわからない場合は、空欄のままでもかまいません。

このあと1～6章まで、6つの要素それぞれの戦略と具体例について詳しく説明していきます。どんな企業がどんな取り組みをしているのか参考にしながら、自社の戦略の良し悪しを判断していくといいでしょう。

小さな階段を一つひとつ上っていくつもりで、1マス1マスできることに取り組んでいくと、今まで見たことのない景色が見えるようになります。

〔認知〕はSNSと広告戦略で拡大する

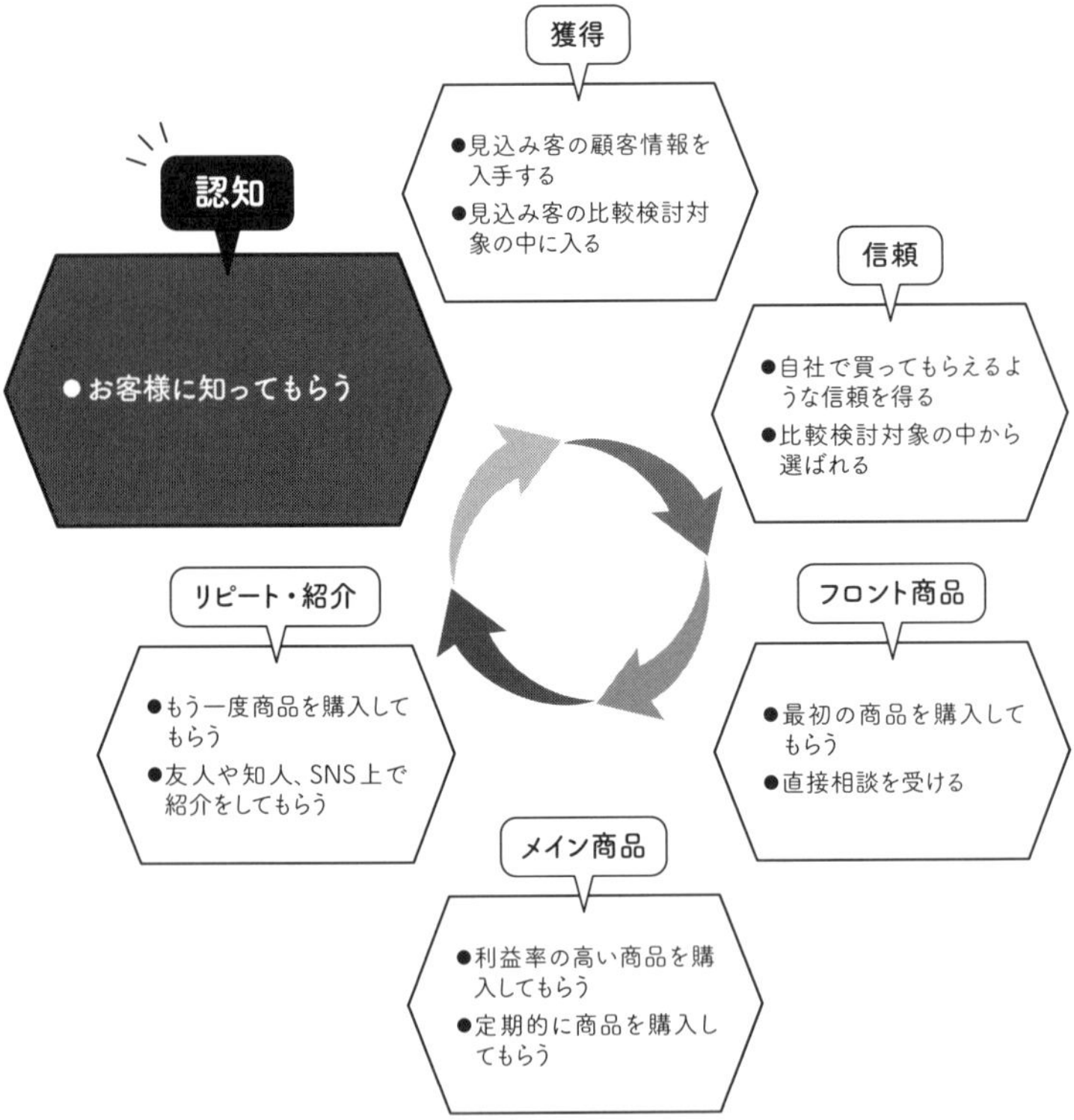
獲得
●見込み客の顧客情報を入手する
●見込み客の比較検討対象の中に入る
認知
●お客様に知ってもらう
信頼
●自社で買ってもらえるような信頼を得る
●比較検討対象の中から選ばれる
リピート・紹介
●もう一度商品を購入してもらう
●友人や知人、SNS上で紹介をしてもらう
フロント商品
●最初の商品を購入してもらう
●直接相談を受ける
メイン商品
●利益率の高い商品を購入してもらう
●定期的に商品を購入してもらう

1 章

どんなに素晴らしい商品やサービスでも、世の中に知られていなければ存在していないのと同じ。この厳しい現実を痛感している方もいるかもしれません。変化が激しい社会では〔認知〕されてもすぐ新しい情報に埋もれてしまう問題もあります。これを避けては通れません。

インターネットがなかった時代はチラシやハガキでお知らせしたり、4大マスメディアに広告を載せたり、何をするにもお金がかかりました。今は、無料で活用できるSNSやブログがありますから、予算や労力が限られた中小企業や個人事業主にとって便利な時代なのです。〔認知〕を高めるためには、その手段が自社の商品やサービスの〔認知〕拡大に適しているかどうか見極める必要があります。

たとえば、お金があるからといって4大マスメディアに広告をバンバン出すよりも、SNSの発信に力を入れたり、専門媒体・専門サイトにしっかりと情報を載せたりするほうが、訴求効果を高められるケースもあります。

つまり「何を、誰に、どう売りたいのか」、戦略に合わせた、〔認知〕手段の使い分けや組み合わせが重要なのです。

では、どの手段がどんな業種の〔認知〕に適しているのか、確認していきましょう。これから紹介する17の手段の中で、自社のマーケティング戦略に適しているものはどれか、ピックアップして優先順位をつけてください。

SNS――〔認知〕戦略①〜⑥

Instagram

Instagramによる〔認知〕向上が期待できるのは比較的若い世代で、昔より男性ユーザーは増えていますが、男性より女性ユーザーのほうが見てもらいやすい傾向があります。相性がいいのはBtoCのヘアサロンや美容系、レストランやカフェなどのように写真映えする要素がたくさんある業種です。

私が経営に参画していた美容院Agnos青山のスタイリスト石川卓弥さんは、自分が得意とするヘアスタイルの写真をInstagramにコツコツ投稿し、**フォロワー数が1万人を超えたあたりからお客様が急増しました。**そのあと店長になり、現在はフォロワー数7万2000人まで増え、**予約が殺到する大人気スタイリスト**です（2023年12月）。美容院はその後もヘアスタイルの発信方法を研究し、東京・表参道という競合の多い人気エリアで大人気になっています。

ファッションモデルの西川千尋さんは弊社のInstagramの研修を受けたひとり。目をひく素敵な投稿写真はもちろん、西川さんはコメントしてくれたフォロワーにこまめにリプライ（コメントに対しての返事）し続けた結果、フォロワー数が800人から1カ月で1万人に増え、平均2000件の「いいね」がつくようになりました。**それまで少なかった仕事の問い合わせも大幅に増えて**現在フォロワー数10万人のインフルエンサーとしても活動しています（2023年12月）。徹底したフォロワーさんへの思いやりが伝わってくるアカウントになりました。

Instagramで成功するコツは「瞬発力」と「継続力」。それとトレンドを意識した写真やリールを活かしたインパクトある投稿です。うまくいった方はコツコツ続けることが苦になるどころか、楽しんでやっている努力家です。写真映えするものがあったり、比較的若い方に訴求したかったりする場合はInstagramが有力です。

Facebook

Facebookは顔写真も名前も出ているので、SNSのなかではもっとも信頼性が高い媒体です。ユーザーの年齢層も高いので、直接つながっているフォロワーに経営者や大企業の決裁者がいれば、B to Bの商談が早い段階で決まるケースもあります。匿名性が強く若いユーザーが多いInstagramやX（旧Twitter）では真似できない使い方ができるのも特徴です。

Facebookは無料で使えるのも大きなメリットです。広告を出したとしても、GoogleのPPC広告費の半分以下でクリックをしてもらえます。PPC広告はその商品に興味関心がありそうな人向けの広告ですが、Facebookのユーザーは暇つぶしに眺めている人が多いのでクリックする確率や購買意欲が低くなるからです。

その分、インパクトがあり、目に留まりやすい広告でなければ見てもらえません。

大前提としてキャッチコピーは、健康、美容、教育、人間関係、ビジネス、住宅など、テーマをはっきりさせること。ビジュアルは、「悩み解決に関するユーザーが親近感を覚える写真」「営業研修の会場で受講生がガッツポーズをしている写真」「ベビースクールに参加したママと子どもの笑顔の写真」など、どんなメリットが得られるのかパッと見てわかる内容が望ましいです。

広告費の目安は、PPC広告は1クリックの相場が40～600円ですが、Facebookは100円以下ですむケースがほとんどです。目的にもよりますが、安く抑えたいならFacebook広告でもある程度のクリック数を見込めます。

Facebookの成功例をお伝えします。私がFunTre株式会社を立ち上げたばかりで、動画マーケティングを中心とした企業の支援を行っていたころのことです。当時はまだ始まって間もないFacebook広告を使って、同じくまだ世の中に十分浸透していないYouTubeの使い方を解説した「世界一簡単なYouTubeの教科書」のPDFダウンロード特典をつけた〔獲得〕戦略を行いました。

通常は、見込み客のリードを1リード1500～2000円ほどの広告費で〔獲得〕

するところ、1リード700円程度で〈獲得〉でき、その後の〈フロント商品〉である「スマホ動画づくりセミナー」にも満席開催が続きました。Facebook広告を活用することでクライアントを〈獲得〉し、短期間で会社を成長させることに成功しました。

「暇つぶしの人たちの目に留まってもらうインパクトの強い広告ってどんなものだろう？」と思った方は、自分がSNSを見ていて印象に残った広告を集めてみると、共通点が見えてきて参考になります。信頼性、手軽さをかね備えたFacebookはターゲットが合えば、使わない手はないでしょう。

YouTube

YouTubeの検索回数はGoogleに次ぐ2位、世界最大の動画プラットフォームです。利用者数はおよそ20億人で幅広い世代に支持されており、中毒性が高くインターネット利用時間のおよそ3分の1は動画だといわれています。これだけの**ユーザー数がいるわけですから、YouTubeと集客・マーケティングの相性は抜群です。**

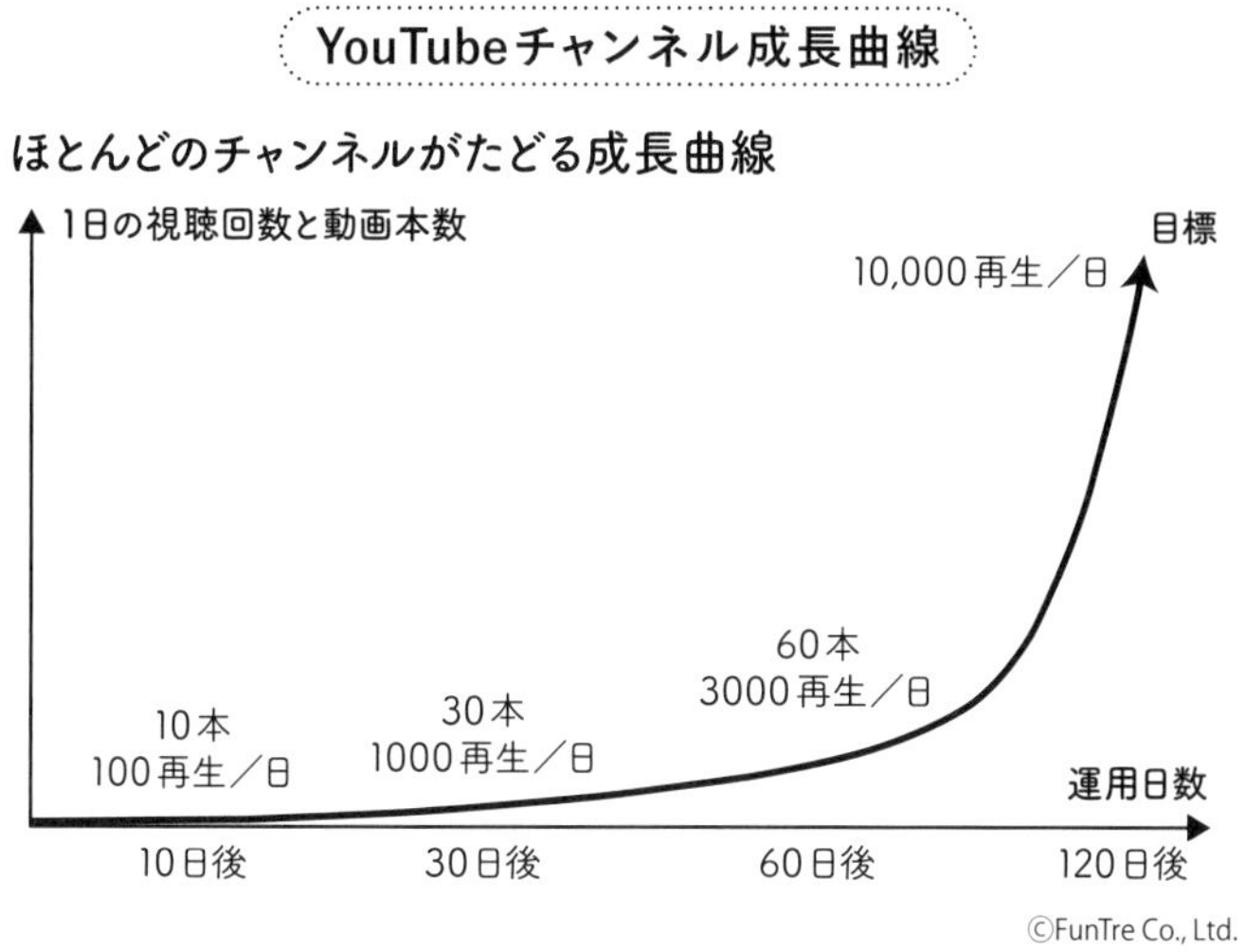

ただし、発信するテーマの市場規模が大きいとすでに人気のチャンネルも多いため、他と差別化しても効果が出るまでに時間がかかります。上の図の「YouTubeチャンネル成長曲線」をご覧ください。

がんばっても効果を感じるまで最低90日はかかりますし、これより多くの時間がかかります。1~2年コツコツ続けてようやく再生回数が伸びてくるケースのほうが大多数でしょう。

当然、商品情報を流すだけでは視聴回数は伸びませんし、動画を投稿しはじめてすぐに成果が出る人もほとんどいません。トップレベルのYouTuberでも、なかなか成果が出ずに苦しんだ時期が必ずあります。

それだけ〈認知〉までのハードルが高いので、多くの人は途中で挫折します。他のSNSに比べてYouTubeは撮影や編集の手間がかかる分、誰にも見てもらえないとモチベーションを維持するのが大変なのです。

しかし、**見方を変えれば、成果がなかなか出ずに撤退する人が多いので、継続するだけで競合が自然に減っていくメリットもあります。**誰も真似できないようなニッチなテーマで配信して人気に火がつくと、入れ替わりが少ない点も強いです。

YouTubeの視聴者が求めているのは、「おもしろいコンテンツ」か、「お役立ちコンテンツ」。いわばバラエティ番組のような、笑いを生むエンタメ動画か、生活の知恵や学習系のコンテンツなどがこれに当てはまります。

2つのうち、企業の発信に向いているのはお役立ちコンテンツです。なぜなら芸人やプロのクリエイターの参入によって、おもしろい領域はレッドオーシャン化（競争が激化）しているからです。たとえば、生活における製品の活用方法や衣食住にまつわるコンテンツは老若男女に人気があります。

私の会社でコンサルティングを行ったケースで、神奈川県と福岡県にある内視鏡クリニック、院長の平島徹朗さんにご相談いただいたときは、チャンネル登録者数が300人ほどでした。その当時から現役の医師が直接健康情報を教えてくれる貴重なチャンネルでしたが、YouTubeに合う投稿を行うようになり、今では「胃と腸の健康解説 内視鏡チャンネル」が18万9000人に増えています（2023年12月）。

実際に何をしたかというと、チャンネル名が「内視鏡」というキーワードで検索されやすいように「内視鏡チャンネル」というキーワードにしていただいたり、動画の長さも1～2分の短い動画から、しっかりと医師の解説が聞ける10分程度の動画にしていただいたりしました。動画のタイトルも、実際に検索が多いキーワードを意識して作成していただくようにしました。

配信を続けていくうちに「中性脂肪を減らす方法」という動画がヒットして（2023年12月現在、157万回再生）、他の動画もどんどんヒットしていきました。

人気になれるにつれて来院される患者さんの数も増えました。通常、診察圏は2～3㎞という狭い範囲なのですが、平島さんのクリニックには広く全国から患者さんが訪れるようになったとのことです。当時は本物のお医者さんがYouTubeでしっかり話すのがほぼなく、ニーズがとても高いのに本当の競合は多くなかったのと、お客様が検索してヒットするつくりにしたのが成功した理由です。

YouTubeで訴求するならYouTubeをゼロから始めるよりも、YouTube広告をかけたほうが早いと考える企業も多いでしょう。YouTube広告は、チャンネル運営に比べて短期間で訴求ができますが、広告を出している期間は、広告コストが半永久的にかかってしまうデメリットもあります。

興味深いコンテンツがあるなら、YouTube活用を視野に入れてみましょう。ただし、すぐに効果が出るものと考えず、気長に取り組んでください。

TikTok

YouTubeの通常の動画と違って短い動画の発信です。YouTubeに比べて上位表示される動画の入れ替わりが激しい仕組みになっているため、**はじめたばかりでも動画を見てもらえる可能性があり、すでに人気の動画を真似しても再生数が上がる場合が**

あります。視聴者の中心は20代以下の比較的若い世代ですが、撮影対象は老若男女から動物、料理、風景までさまざまです（2020年10月）。

参考になる成功事例に、タクシー会社の三和交通のアカウントがあります。ご存じの方もいるかもしれませんが、タクシー運転手のおじさんたちが予想をはるかに超えてカッコ良く躍っている動画を投稿して360万回再生されるほど大ブレイク。企業の採用活動にもとても良い影響が出ているようです。

以前、長崎県西海市の事業で取材をさせていただいた動物園、長崎バイオパークも、カピバラの可愛い姿やカバがスイカを丸ごと一口で食べる動画を投稿してバズり、フォロワーが190万人を突破（2023年12月）。海外のフォロワーが多く外国人観光客の来園者数も急増し、**コロナ禍であったにもかかわらず2022年は過去15年でもっとも来園者数が増えた**そうです。長崎バイオパークはYouTubeチャンネルも人気で、こちらはコツコツとSNSで人気を獲得する術を試行錯誤しながらつくり上げていったとのことです。

若い世代にインパクトのある動画が出せそうなら、YouTubeよりも先にTikTokをはじめてもいいかもしれません。

X（旧Twitter）

一見、誰でもできそうに思えて意外と難しいのがXです。というのも、使う人との相性によって良し悪しが分かれるからです。

文字数の制限が繰り返し変更されていますが、基本140字以内なので制作には時間がかかりません。1日1回、またはそれ以上に頻繁に投稿することがフォロワー増加のコツ。好きで続けられる人でなければ苦痛になります。

リプライやリポストなど、フォロワーとのコミュニケーションも多くなるため、そのやりとりを楽しめる人ならぜひ挑戦してみましょう。ただし、ネガティブなコメントへの対応やうっかり失言して炎上したときなど、想定外の事態が起きた際にコントロールしにくい難しさもあります。

中小企業の参考になるのが、島根県にある安本産業の「やすもと醤油【燻製調味料】」。この会社は従業員19人の小さな会社ですが、2020年から初心者の男性社員がいわゆる「中の人」として企業アカウントの担当者になりました。

最初は「何をすればいいのかわからない」と弱気なコメントもありました。ところが、フォロワーが40人になったところで上司や同僚から「フォロワーが40人もいて、『いいね』もたくさんついててメッチャバズってるじゃん」と高評価をもらったそうです。これを投稿したところ、社内のほのぼのとした様子が話題となって何度もバズりました。**〔メイン商品〕のオンラインでの注文も増えているようで、現在のフォロワーは9万人を超えています（2023年12月）。**

この例からもわかるように、「何かいいことを書かなきゃ」と気負って投稿しなくても相性が合う人なら純粋に楽しめて人気も出やすいSNSなのです。

SNSに詳しくない上の世代は、若い社員に「仕事のついでにやっといて」と軽いノリで担当を任せがちですが、そんなに甘い世界ではありません。

中途半端にはじめてフォロワー数がまったく増えなければ、イメージダウンにもなりかねないので注意が必要です。それだけではなく、誤解を招く言葉遣いや不適切な発言から炎上して謝罪対応に追われたり、公式アカウントを停止することになった企業アカウントもたくさんあります。

Xが好きで得意な人にフォロワー数が増えたら特別ボーナスを与えるなどして、会社として力を入れる体制を整えなければ大きな効果は期待できないでしょう。

LINE公式アカウント

LINE登録をオススメすれば〈認知〉してもらえるだけでなく、次のステップの〈獲得〉〈信頼〉まで一気に進められます。どちらかというと、接触頻度を高めて〈信頼〉を構築するのに威力を発揮するといえるでしょう。

〈認知〉としては「LINE VOOM」と「LINE PLACE」が特におすすめです。

LINE VOOMは、アプリ内でショート動画を発信できるプラットフォームで、フォロワーに動画を発信することができます。

LINE PLACEでは、グルメやおすすめのスポットを検索・投稿できるサービス。店舗情報を掲載できて評価もつきます。巷のサイトの評価に不信感を抱く層がいて、そんな人たちを中心にLINE PLACEにクチコミが集まっています。評価がたまっている店舗があるので、今後、食べログのように使われる可能性があるのです。特に飲食店は必ず掲載しましょう。

〔認知〕の段階ではとりあえず友だち登録してもらえばOK。一斉配信を含め、多機能で便利ですが、すぐブロックされてしまうのがデメリットです。ブロックされなければ、コンテンツ系の業種、学習塾、飲食店、サロン系をはじめとした店舗全般で有効活用できます。

SEO対策・MEO対策——〔認知〕戦略⑦〜⑩

オウンドメディア〈SEO対策〉

オウンドメディアは、企業が自社発信のために運営しているメディアのこと。〈認知〉の手段のなかでもっとも時間と労力がかかる戦略のひとつですが、コラム記事を増やすオウンドメディアはSEO対策に効果が高く、成功すれば検索トップの座に躍り出る可能性もあります。

あなたもGoogleで何か検索した際、上位に表示されたものから順にチェックしますよね？　下位のものはなかなかチェックされにくく、**検索をする人はすぐにでも買いたい、行きたいと思っている人も多いので、検索で上位に表示されるだけで売上が大幅にアップすることも少なくありません。**

検索すると上位に表示される例

Google
電気　トラブル
スポンサー
○○○○○-××××.com
https://www.○○○○○-××××.com > 電気 + トラブル > 関東全域対応
【最速最安】電気 トラブル - 1,000 円～ - 最速 20 分で到着
【関東最安級】年中無休スタッフ待機。電気トラブル専門業者。プロが即日解決します
東京電力
https://pgservice1.tepco.co.jp
電気のトラブルなら東京電力パワーグリッド
東京電力パワーグリッド（株）では、ご家庭で安全に電気をお使いいただけるようさまざまな電気に関するご相談にお応えするコンサルトサービスを実施しております。
お問い合わせ・サービス内容と料金・事例・ご依頼の流れ

ただし、徹底的にSEO対策したオウンドメディアづくりは労力がかかります。プロにつくってもらうには毎月数十万円以上の費用がかかることが一般的です。

成功事例として参考になるのは、キーエンスのオウンドメディア「静電気ドクター」です。Google検索で試しに「静電気」というキーワードを入れてみてください。「静電気ドクター」の記事が上位に表示されるはずです（2023年12月時点）。この中で、キーエンスが販売しているBtoB商材をたくさん紹介しているので、検索上位の状態が続く限り費用対効果の高いマーケティングが続きます。

弊社がお手伝いした東京電力パワーグリッド株式会社のオウンドメディアをかねたHP「電気のトラブルなら東京電力パワーグリッド」も、同じようにキーワード検索上位に食い込むようなSEO対策をしました。技術力の高い東京電力パワーグリッドの皆様の協力を得て、**1年かけて「電気　トラブル」で検索した際にトップに表示されるメディアになりました。**電気のトラブルで困った人が最初にたどり着いて欲しい、お役立ち情報のたくさん詰まったメディアになりました。

Googleは信頼性を重視しているので、ドメインの信頼性も重視しました。ドメインは、インターネット上にあるサーバーの住所のようなもの。その所在地の信頼性が高いほど、検索上位になりやすいのです。マーケティングの世界では「ドメインパワー」と言われているほどで、国の機関、病院、大学、インフラ系のドメインは特に強いです。逆に、新しくつくったばかりのドメインは、信用性の低さからなかなか上位に食い込みにくいです。

自社でオウンドメディアを制作する場合は、売りたい商品の関連キーワード検索で出てくる上位10記事をすべて読み込み、共通点やポイントをピックアップして入念に記事に盛り込んでいく編集作業が不可欠です。もちろん、見出しも本文もSEO対策をしなければなかなか上位に上がれませんから、途中で挫折する会社も少なくありません。オウンドメディアやSEO対策に十分な経験がない人が中途半端にやると、予算と労力が丸ごとムダになるのでオススメしません。

SEO対策をそこまで重視せず、訴求効果を狙うのでなければ、企業のブランディング目的でオウンドメディアを利用するケースもあります。製品の開発秘話や、企業のビジョンや取り組みをテーマにしたコラム、インタビューなど、オウンドメディアは比較的読みものが多くなります。それを読んだ**ユーザーの共感や〔信頼〕を得ることで、企業としてのブランド価値が高まります。**

一方、地道なブログの更新で注目を集めたオウンドメディアもあります。

東戸塚の「歯医者が教える歯のブログ」で、その名の通り歯医者さんがコツコツ書き続けたブログが、歯科系のキーワード検索でほとんど上位に出てくるようになりました。患者が増加しただけでなく、このブログに他の歯科医院の広告を出すようにして、広告収入も得ることに成功しためずらしい例です。

ただし、若い世代はキーワード検索より、「ハッシュタグ検索」のほうが主流になってきています。たとえば、XやInstagramなどSNSで、「#○○（ブランド名）」「#○○（店舗名）」を入れて検索することです。

昔ほどSEO対策が万全の方法ではなくなったため、キーワード検索の必要に迫られる、住宅・設備のトラブルや美容・健康の困りごとなど緊急度の高いサービスの〈認知〉を高めたい場合に検討すると良い戦略です。

GoogleのPPC広告

PPC広告には大きく分けて「検索連動型広告」と「コンテンツ連動型広告」の2種類があります。前者は売りたい商品やサービスのキーワードで検索すると検索一覧のトップに表示されます。後者は、検索サイト以外のニュースサイト、ブログ、メディアサイトなどに表示されます。**どちらもターゲットの興味関心に合わせた場所で広告展開できるので、効果の高い広告戦略のひとつです。**

ただ、金額が高いのが難点です。検索上位に表示するためには、人気のキーワードだと、たとえば1クリック600円以上と高くなるので、単価の高いものを販売しないと採算が合わなくなります。100クリック（合計6万円以上かかる）あったとして、1件しか申し込みがなければ60万円以上のものが売れなければ採算がとれません。そのため、「不動産広告」や「契約料数百万円の企業研修」など、単価の高い商品やサービスならPPC広告は適しているでしょう。最低限の商品単価は5万円で、それより安い商品やサービスの広告にはオススメできません。

当社がお手伝いして成功した例としては、ある自動販売機管理会社が取り扱う「ど冷えもん」という冷凍自動販売機があります。自動販売機の管理・運営についてノウハウや深い技術があり、新しい事業として冷凍自動販売機を取り扱う事業を始めたときのご相談でした。ど冷えもんの参考価格は1台200万円。コロナ禍で外食より買ってきたものをオフィスや自宅で食べる「中食」が人気になり、**PPC広告を展開したところ申し込みが急増しました。**通常、企業の問い合わせを1件〔獲得〕するのに1・5万〜3万円かかっていたところ、1件2000円程度で〔獲得〕できました。

検索されて上位にいくPPC広告はターゲットに訴求力が強いため、高単価の商品がある場合、とてもオススメの施策です。

Googleマップ（MEO対策）

意外と手つかずのまま放置されているのがGoogleマップで、コンサルの相談を受けるほとんどすべてのクライアントにオススメしています。特に店舗や施設を持つ方にオススメです。あなたの会社や店舗も試しにGoogleマップで自社を検索してみてください。上位に表示されるでしょうか？

Googleマップはお金がかからないだけでなく、地図検索で上位3位以内に表示さ

Googleマップで情報を発信

れれば通常のGoogle検索の結果にも表示されるため、確実に〔認知〕が高まります。このマップ上の上位検索表示を目指す「MEO対策」は、SEO対策よりもはるかに簡単ですぐ実行できますから使わない手はありません。

Googleにビジネスプロフィールを登録（Googleで「ビジネスプロフィール」と検索すると出てきます）すれば「クチコミ」「写真」「説明文」「営業時間」「住所」「連絡先」「予約情報」など、多くの情報を掲載できます。ビジネスのカテゴリも正しく選択して商品写真や価格も入れましょう。

ＭＥＯ対策に力を入れているところはまだまだ少ないので、クチコミや写真、日頃の投稿など情報量が多いほど検索上位に上がっていきやすくなります。

Googleマップは業種を問わず活用できます。キーワード検索でヒットするターゲット層はもちろん、たまたま地図検索をした近隣住民や旅行者にも無料で〈認知〉してもらえる、簡単かつ便利なツールです。

Google画像検索

Googleでは画像に絞った検索もすることができ、**美容・健康系の業種は、ビフォー・アフターや自分と同じ悩みを抱えている人たちの症状をGoogleで画像検索する人が多いため、画像がトップに表示されるための施策も効果的です。**

この場合、画像自体に検索キーワードを入れるのがコツです。ブログでも、WordPressでも、必ず「alt属性」と呼ばれる代替テキストを画像に入れられます。

しかし、サイトに写真をアップしただけではテキストが設定されないため、写真にテキストを設定していない画像が大半です。ＳＥＯ対策よりもずっと手軽にできるので、もったいないですよね。

顔や身体の歪み矯正で独自の世界でも認められている特許技術を持つ人気の中村接骨院の相談を受けた際も、まずInstagramで専門的で役に立つ健康情報を発信していただき、約1年間でフォロワー数が1万2000人に増えました。中村接骨院はGoogle画像検索でも、顔の歪みビフォー・アフターの画像が「顔の歪み 矯正 東京」の検索で上位に表示され（2022年当時）、その写真を見て来院する方が増えました。

その後、特許技術を使ったサブスクリプションの新しいサービスをリリースし、出版した書籍『悪い姿勢は天井を見つめて治しなさい』（ビジネス社）も人気になったことから、**月の平均売上30万〜40万円が3〜5倍上昇し、継続利用も多い、とても安定した事業になりました。**現在は高い技術を持った院長が出版したことで、さらに大人気の治療院になっています。

今は何でも検索してから判断される時代です。にもかかわらず、画像検索においては上位表示を狙う企業がまだ少ないため、競合と差別化できる可能性が高いのです。

WEBメディア──〔認知〕戦略⑪〜⑬

プレスリリース

新商品発売、新サービス開始、新規事業立ち上げ、イベント開催、展示会出展など、メディアに広く告知したい場合はプレスリリースを出しましょう。もともとは、テレビ局や雑誌社に個別にリリースを送るのが一般的でしたが、最近はＷＥＢのプレスリリースサイトに掲載することでもメディアに取り上げられるようになりました。

無料で掲載できるサイトもありますが、配信先が少ないので、ＰＲ ＴＩＭＥＳやアットプレスなどの有料サイトに３万〜４万円掲載料を出して、こちらで配信して欲しいメディアなどの媒体を選んだほうが効果的です。すぐに取材が来るとは限りませんが、リリース内に被リンク（外部サイト内に貼られた自社のサイトのリンク）をしてもらえるので信頼性が高まりSEO評価も高まる可能性があります。

私がEC事業立ち上げ時からマーケティングのお手伝いしており、鯖商品が楽天市場の食品ランキング1位にもなっている水産加工会社の飯田商店も、プレスリリースを活用しています。飯田商店一推し高級ギフト商品「くちどけ鯖」は、美味しいお酒の肴にもピッタリなので、こだわりをもつ中高年男性読者が多い『プレジデント』や『東洋経済』などのメディアを選択してPR TIMESに**リリースを出したところ、希望のメディアに取り上げてもらうことができました。**

また、弊社は保育園も経営しているので、人材不足の保育園業界で保育士がたくさん集まった情報をプレスリリースで出したこともあります。それがかなり注目を集めてテレビ番組の「ワールドビジネスサテライト」から取材が来たのです。その後、NHKや日本テレビ、フジテレビなど各局に取り上げてもらえる保育園になりました。

プレスリリースの内容は、保育士募集人数に対して4倍の応募者数があったことを発信しました。応募者が増えた理由はいくつかあります。一番反響があったのは保育士さんが、自分の子どもを勤めている園で預かれる子連れ出勤ＯＫにした点です。自分の子どもも一緒に保育するのは一般的な認可保育園では容認されていないところがほとんどなので、これは企業ブランディング的にも大きな宣伝になりました。

プレスリリースは、メディアが取り上げたい新鮮味があるものほど、広く〈認知〉されるでしょう。取材を受けるため、広告よりも効果が高くなる可能性がありますので、新規の商品を出す際は、必ず行いましょう。

クーポン

ジムや美容サロン、クリニックは「くまポン」などのクーポンサイトに掲載すると初回は安くサービスを利用したい人たちを短期間で集客できます。クーポンの割引率は高くなりますが、新規顧客を〈獲得〉したい場合はここも外せません。同じくお得な予約サイト「アソビュー！」も、ファミリーやカップル対象のレジャー・スパ・観光施設であればどんどん活用しましょう。

クーポンで安売りしたくないという方もいますが、新規オープンしたばかりで知名度も人気もない店舗だと、知ってもらえなければなかなか来てもらえません。逆に老舗のお店でも存在を忘れられたら顧客は減っていくばかりです。

クーポンは売上が低くても有料サービスにお客様を呼べますし、クーポン利用者の分だけ手数料を払えばすみます。売れても売れなくても出店料を払い続けるＥＣサイトと違ってリスクが少ないのです。

また、最近ではクラウドファンディングのリターンでクーポンを発行する場合もあります。こちらも成功しており、クーポンの賢い使い方と言えます。

競合が多い分野は特に存在をずっと〔認知〕してもらうためにも、クーポンを有効活用したほうがいいでしょう。

ECモール、専門媒体

特定のジャンルのマーケティングは、有料でも専門媒体やECモールへの掲載が不可欠です。ECモールとは、複数の企業やブランドや店舗がひとつのサイトに集まって出店する形式のオンラインプラットフォームをさし、「楽天市場」や「Amazon」「Yahoo! ショッピング」などが代表的です。専門媒体は業種やカテゴリに特化してお店やブランドを集めたプラットフォームで、飲食店なら「食べログ」や「ぐるなび」、美容サロン系の専門媒体は「ホットペッパービューティー」、ホテルは「一休.com」「じゃらん」「楽天トラベル」などは無視できません。

それぞれのECモールや専門媒体で決められた掲載費用、販売手数料がかかります。そのため、販売数が少ないのに掲載していると赤字になってしまったり、余計な手間がかかってしまったりすることもあります。逆にそのプラットフォーム内でクチコミを集め、人気になると一気に顧客が増える可能性もあります。活用する際にはしっかりと担当者を決め、それなりの覚悟と計画性をもつとよいでしょう。

マスメディア、直接営業など――〔認知〕戦略⑭～⑰

マス広告（テレビCM、タクシー広告など）

予算がある企業でBtoBの売上を加速させたい、採用やブランディングのために一気に多くの人に〔認知〕してもらいたい場合、マス広告で勝負するのも有効です。

特に大都市圏でのテレビCMやタクシーの動画広告は1000万円前後かかることもめずらしくありません。必ずすぐにお客様が急増するわけではありませんが、〔認知〕度を高めることに関しては圧倒的に強く、営業もしやすくなります。

たとえば初めて訪問したクライアントに「その商品、広告で見たよ」「会社の名前は聞いたことあるよ」と、こちらの存在を知られているだけで、話を聞いてもらいやすくなりますよね。接触頻度の多さは〔信頼〕を築くうえでも大事ですが、CMを複数回見てもらうだけでも〈認知〉向上に効果的なのです。

参考になる有名な事例として、シリーズCMで話題になったサイボウズ株式会社のクラウドサービス「キントーン」や、「カガクでネガイをカナエル会社」の株式会社カネカがあります。カネカさんはとても優良な化学メーカーですが、〈認知〉度が高い企業ではなかったため、キャッチーで覚えやすいコピーのCMで広く名前が知られるようになり、新卒採用に効果がありました。

もちろん、テレビを見ない世代も増えていますから、当たり外れがあります。ただしCMによる企業ブランディングを通じて共感や〈信頼〉を得られれば、競合他社との差別化を図れます。利用できるのは予算に余裕がある企業に限られるでしょう。

出版

他と差別化できる実績があれば、書籍の出版で〈認知〉を図る方法もあります。

本は買ってもらうものですから、それだけ読み応えのある内容がないと逆効果になってしまいます。売れて評価されれば〔認知〕と〔信頼〕が一気に高まります。

特に、独立開業した人や個人事業主で予算も労力もない場合でも出版社の目にとまり商業出版で出すことができれば、制作費はすべて出版社が負担してくれますから低予算ですみます。数百万円の制作費まで著者が負担するビジネス書の自費出版や電子出版もありますが、売れなければマイナス効果になることもあります。

やはり書籍づくりのプロである編集者が、書店に並べても売れると見込まれて商業出版で出してくれるのがベストです。ただし、出版社との相性もあるので売り込んでダメだったからといってあきらめず、何社か相談したほうがいいでしょう。

私がマーケティングをお手伝いした営業コンサルタントの加賀田裕之さんは、営業が苦手な人でも売れるようになる独自の営業手法を確立した大人気の研修講師。出版によって〔認知〕がさらに拡大した1人です。加賀田さんは、コミュニケーションが苦手な人でも営業台本で成約率を高める営業スキルを体得し、その理論と手法をまとめた『営業は台本が9割』『トップ営業が密かにやっている最強の会話術』（どちらも、きずな出版）という本がベストセラーになりました。**その後、営業研修、セミナー、コンサルタントの依頼が殺到するようになった**のはいうまでもありません。

大企業の場合、経営者は多忙なため、出版に費やす時間や労力のコストパフォーマンスを考えると、1回800万円で展示会に出展したり、1本1000万円のCMを流したりしたほうがいいという判断になるかもしれません。

ただし、企業ブランディングにおいては**書籍のほうが伝えたいことを正確に、確実に伝えることができるメリットがあります。書籍を通じた経営者のメッセージは社員の理解や〈信頼〉を深めるうえでも役立ちます。**

サイバーエージェントを創業した藤田晋さんの『渋谷ではたらく社長の告白』（幻冬舎）や、日本電産（現ニデック）を創業した永守重信さんの『永守流 経営とお金の原則』（日経BP）、ワークマンを改革した土屋哲雄さんの『ワークマン式「しない経営」』（ダイヤモンド社）などがその好例でしょう。

差別化できるノウハウや実績があれば、出版を通じて、多くの〔認知〕〔信頼〕を高める施策にしてみてはいかがでしょうか。

チラシ

チラシはもっとも古いアナログな広告媒体ですが、まだまだバカにできません。特に地方や地域密着型の店舗やサービス業は、地元住民への〔認知〕に効果があります。今はなんでもデジタル化が進んでいるので、手づくり感のあるチラシや、クーポンや割引券付きのお得感あるチラシは女性ウケもいいです。

一回チラシを配るだけでは満足な効果は得られないかもしれません。意外と思われるかも知れませんが、何回か繰り返しチラシを配ることで接触頻度が高まり、お客様からの〔信頼〕が高まり、効果が高まるケースもあります。

アナログだからこその強みのある施策です。

直接営業

自社の存在と自分の名前を覚えてもらうためには、対面での直接営業がもっとも直接的でオーソドックスな手段です。**人間関係はやはり会ってわかることが多いですから、〈認知〉においては確実に効果があるといえるでしょう。**

特に急ぎの用がなくても顔を出したり、お客様の役に立ちそうな資料を届けたり、足を運んだ回数が多い営業マンほどクライアントとの〈信頼〉を深めていました。

ところが、コロナ禍で対面営業ができなくなった際、営業以外の方法を模索した会社が増えました。これまではお客様に失礼だと思われがちだったリモート営業がごく当たり前に受け入れられるようになりました。「いつも通ってくれている、近くのA社の○○さんに発注しよう」といった義理人情中心の付き合いから、ネットで効率的かつスムーズに対応してくれる中小企業との取引が増えたのです。新規で取引する会社の信用度合いも、ある程度はネットで調べられますから、昔ながらの営業スタイルだけでうまくいくとは限らなくなっているのです。

リモートワークも浸透したため、現在も気軽に訪問営業できなくなったクライアントもあります。それでも直接会って名刺交換するところからお付き合いをはじめる営業スタイルを重視している企業もまだまだ多い印象です。「対面営業こそが営業だ」と思っている中高年世代と「リモート営業のほうがお互い効率的でしょう?」と考える若い世代でも価値観が異なります。対象としているクライアントにどんな営業スタイルが適しているか、先方のタイプを見極める必要もあるでしょう。

直接営業は、直接会うからこそデジタルで表しづらい「肌感覚」があります。リモートワークが浸透したいまだからこそ奏功する場合があります。営業の腕の見せどころです。

自社に適した〔認知〕の優先順位を決めよう

〔認知〕の方法と例をお伝えしてきましたが、力を入れて取り組みたいと思う施策はあったでしょうか？

どれも本気でやれば効果が期待できるものばかりですから、なんでも試してみたくなるかもしれません。

しかし、**〔認知〕でまずやるべきことは取捨選択です。**労力や予算の条件が見合わないものは無視して、商品やサービスのターゲットとの親和性が高いもの、しっかりと続けられそうなものから優先的にはじめてみてください。

〔認知〕がうまくいかないとき、「やるべきことをやっていないからできないんだ」と根性論を言い訳にするコンサルタントもいます。私自身も起業して間もないころは、そういうことをお客様に言ってしまったことがありました。

しかし、どんなに素晴らしい戦略を立てても、その会社にできること・できないこと、担当する人の向き・不向きなど、力量的な問題にぶつかる可能性はあります。

であれば、力量の差に関係なく自分たちでできることは何か、続けられるものはあるか見極めてください。消去法で考えてもいいのです。

私の経験上、まずは簡単にできて多くの企業に効果がでそうなことは何か探していった結果、**もっとも優先順位が高かったのはGoogleマップとHPの改善でした。**

たくさんの魅力的な戦略がある中では地味な戦略ですが、労力と予算と時間がなくても、早く簡単にできるうえに効果があります。何からやればいいかわからないと思っている人は、まずGoogleマップに自社の情報を埋め込むところからはじめましょう。

真似から始めて「オンリーワン」を目指す

初めてSNSをするのはハードルが高いと感じるかもしれません。SNSはどのジャンルもライバルが多く飽和状態のため、**「新規参入してもすぐ埋もれてしまいそう……」**と弱気になる人もいるかもしれません。

その場合、まずは人気のアカウントを真似することから始めるのもいいと思います。真似でもSNSの投稿を始めると、フォロワーから意外なところを褒められることがあります。

自分でも気がつかない「強み」が必ずあるんです。自社の商品やサービス、地域産業や観光資源などは、自分では気づかなくても他人から見ると素晴らしいものだったり、視聴者のニーズに応えられる価値あるものだったりします。

ですから、SNSに力を入れる際には、売りたいものの独自の強みを再確認していただきたいのです。

たとえば鳥取県の企画で、鳥取県の成功企業としてインタビューをさせていただいた、米子市にある「ラーメン悟空」。大きなチャーシューが花びらのように何枚も乗っているチャーシューメンをはじめとした、お手頃な価格からは想像できない美味しいメニューが県内外からとても人気で行列の絶えないお店です。食べログやGoogleマップのクチコミにもチャーシューメンの写真が多く投稿されています。

昔のチャーシューメンの写真を見せてもらったら、一般的なチャーシューメンに近かったのですが、店主が「お客様に美味しい肉を食べさせたい」という並々ならぬこだわりの結果、チャーシューメンがどんどん変化していきました。**見た目のインパクトが大きく大人気になりました。**こだわりや情熱がオリジナリティにつながることもあるのです。

本書の冒頭で紹介した、香川県三豊市の「父母《ちちぶ》ヶ浜《がはま》」も同じです。市主催のフォトコンテストに、世界の絶景スポットのひとつボリビア・ウユニ塩湖と似たような父母ヶ浜の写真が出品されて、SNS上で「日本のウユニ塩湖だ！」とバズりました。この2つの例のように、フォトジェニックな絵でオリジナリティをアピールすることもできます。

また、悩みや課題解決・コンテンツ販売は、SNSと相性がいい業種です。

私がお手伝いした中で、他と差別化しやすかったのは、一般社団法人日本愛され妻協会、会長の金田秀子さんの例です。

「浮気解決」というのは大きなマーケットで、別れさせるための弁護士や探偵はたくさんいますが、金田さんは別れさせないためのカウンセリング専門家。その当時、別れさせない方法に着目した専門家は他にいなくて、一見ニーズがなさそうに感じるめずらしい切り口でしたが、実際のニーズは驚くほど高かったのです。

そのためブログで〈認知〉を広げたところ、「夫　浮気　本気」といった夫の浮気に悩む妻がよく検索するキーワードでアクセスが集まるようになりました。**現在はInstagramでもリール動画が20万回以上再生されるなど大人気。他社にないオリジ**

ナリティが成功を呼び寄せました。

自己啓発系や、人間関係の改善、腰痛や顔の歪み矯正、美容系など身体に関する悩み解決ビジネスも、ピンポイントで悩んでいる方がSNSでよく情報収集しているので届けやすいのです。

〔認知〕のポイントをまとめると次の3つになります。

①ジャンルや地域における「オンリーワン」を目指す。SNSや動画でファンをつくり、キーワード検索の上位に表示されるようにブログ、オウンドメディアで発信を続ける。

②Instagram、TikTok、X（旧Twitter）は、写真、動画、文章の統一感やインパクトを重視。自分が興味を持ったSNSの特徴を意識すると参考になる。おもしろい、キレイ、美しい、役に立つなど、ユーザーの興味を引く投稿をする。

③ただ〈認知〉してもらうだけでなく〈信頼〉につなげる。接触頻度を高め、オリジナリティ、実績などを見える化する。

この３つをすべて実行しても、同じジャンルですでに〈認知〉度が高い大企業や競合他社がいる場合、真似してもなかなか勝てません。そのときは無理せず、他がまだ参入していない隙間を狙ったほうが、効果が出やすいです。

その差別化や切り口のコツについては、４章の「利益を最大化する〈メイン商品〉の売り方」で詳しく説明します。

〔認知〕がうまくいくと採用コストも抑えられる

〔認知〕が高まると人材採用のコストも抑えられます。たとえば、バッグひとつ売るのでも、有名ブランド品なら世界中で売れますが、誰も知らない新しいブランドのバッグはたった1人に売るのも難しいでしょう。それと同じで**会社の認知度を上げれば、「知っている会社」というだけで応募しやすくなるので採用コストを下げられるのです。**前述した「カガクでネガイをカナエル会社」カネカも、テレビCMで認知度が高まったおかげで1人あたりの採用コストを大幅に抑えることができました。

弊社の鳥取県での講演や企業支援で出会った、運送事業から、貸切バス、イベント設営、不用品回収やペット葬儀を取り扱う流通株式会社は伝統的な会社ながら、さまざまな新規事業に挑戦するベンチャー企業のような勢いがある老舗の優良企業です。SNSやYouTubeをすべて活用して自社の魅力をアピールし、PPC広告で新規事業のマーケティングも行っています。テレワークでできるＩＴ関連事業もはじめ、とにかく多くの事業に挑戦していく会社で、県内外から若手社員を含めた多くの人材が集まります。

私が関わっている事業だけでも新しく社員を複数人採用したので、人材不足が課題になっている鳥取県ではめずらしいケースです。若い社員が増えると、ＳＮＳ、YouTube、ＬＩＮＥ公式アカウントの担当も任せられて、会社のイメージが若々しくなります。また、同世代が入ってくる相乗効果が生まれています。これからの挑戦もとても楽しみです。

これから就職しようと考えている人は会社のＨＰはもちろん、ＳＮＳも全部チェックしますから、何も発信していない会社だと不安や不信感を与えてしまいます。人材採用もふまえた〈認知〉向上を目指す場合は、商品やサービスの「コンセプト」はもちろん、会社のビジョン（企業が目指す目的や使命、経営理念）、ミッション（中長期的な目標）、バリュー（ミッションやビジョンを実現するための具体的な行動指針）も明確にしましょう。それを見て、「ここで働きたい」と思ってもらえることが大事です。

〔認知〕のよくある失敗

〔認知〕に力を入れ過ぎる

大企業から中小企業まで、BtoBのケースで6マスを回す際のポイントは、数で勝負の営業や広告に頼り過ぎないことです。

〔認知〕だけに力を入れ過ぎてそのあとのステップにつながらないと、見込み客を〔獲得〕するまでの効率が悪くなります。その分、見込み客のリード〔獲得〕単価が高くなると、将来的にはさらに広告や営業の力に頼らざるを得なくなるため、広告費用が高くなり、より営業スキルが高い人材も確保しなければいけなくなります。

このような失敗におちいりやすい企業は、世の中で流行っている方法や、他社がやってうまくいっている方法をやみくもに真似して、広告やオウンドメディアなどに手を出しがちです。つまり、たまたま目にしたネット記事や広告、誰かにオススメされた情報やアドバイスなど、何かひとつのやり方だけに注目して、たくさんある選択肢から自社に合った方法を選んでいないのです。

マーケティングがうまくいっている会社を見ると、うまくいっている部分しか見えません。「こんな失敗をした」という話は、なかなか表には出てこないので、**「うちも同じようにやればうまくいくはず」**と影響を受けやすいのです。

本も同じで、大抵は大企業向けの手法を紹介しているものが多いため、業種や規模によって合う・合わないがあります。書いてあることを実践すればうまくいくはずと短絡的に考えず、自社に適した施策を取捨選択する必要があります。

お客様に知ってもらう〈認知〉はやればやるほど、手応えがあるかもしれません。注力したい気持ちもわかりますが、そのあとのステップとのバランスを意識しましょう。

成功体験に縛られている

変化が早い時代に、過去の成功体験にこだわっていると、時代遅れになってしまうことがあります。**6マス・マーケティングでよくある失敗は、昔からやっていることを5年、10年と続けていて効果が薄れているケース。**人は成功体験に縛られやすいので、過去に一度でもうまくいった方法があると、それが正解だと思い込んでしまうのです。これは私自身にも言えることで、成功体験にとらわれる自分と、それを壊して新しい挑戦をしようとする自分が常に戦っております。

インターネットの世界は日進月歩です。昨日の正解が今日の不正解になることもめずらしくありません。実際、広告の世界では7年くらい前まで、Google広告、Yahoo!広告が主流中の主流でした。ですが、今は広告価格が高くなったので、もっと安くて効率的な広告手段に切り替える企業も増えています。それでも、**「Google広告、Yahoo!広告に勝るものはない」「リスティング広告が一番効果的」**と過去の成功体験にこだわったり、どこかで見聞きした話を鵜呑みにしたりしている会社もあります。

私が相談を受けたある化粧品メーカーも、商品単価は数千円と安いにもかかわらず、Google 広告、ＰＰＣ広告、Yahoo! 広告に月１００万円以上かけていました。その当時の売上は月１７００万円ほどあったので、一瞬、うまくいっているように見えたのですが、そうではなかったのです。そこは卸売り会社で自社の商品を販売しているわけではありません。つまり、利益率がもともと低くて当時の利益も２００万～３００万円くらいしかなかったので、広告費の割合が大き過ぎたのです。

そこで、高い広告を減らして、Facebook 広告、Instagram 広告を30万円、YouTube 広告を10万円というように、広告全体のバランスを改善。合わせて、自社の Instagram の更新やＬＩＮＥ公式アカウントの活用など、**6マスのステップにつながる施策にも取り組んでもらい、結果的に広告費は30％、利益率は1・5倍になりました。**

社会が変わると、自社に合ったマーケティングも変わる可能性が高いのです。常に複数の選択肢を視野に入れて、うまくいかなくなったら軌道修正していけばいいのです。「**これがうまくいったからずっとこのやり方でいく**」「**これしかやったことがない**

から他はやらない」と決めつけず、もっとも効果的な〈認知〉の方法を探し続けることを意識してください。

SNSを軽い気持ちではじめて、中途半端に続ける

お金をかけずに手っ取り早くはじめられるSNSは、〈認知〉を高めるうえで非常に便利。うまく活用すれば効果抜群の最強のツールです。InstagramもFacebookもYouTubeもXも、うまくいっている人ほど楽しそうで目立ちますから、「自分もちょっとやってみるか」と軽い気持ちではじめる人も多いです。

でも、繰り返しになりますが、**どのSNSも効果が出るまでが大変なのです。**

Instagramは飽和状態なので、中途半端な投稿をしてもフォロワーは増えていきません。投稿数で伸びる時代は終わり、質で評価されるフェーズに入っています。

Xは前にも述べたように、投稿する担当者との相性の問題が大きいのです。投稿数は多いほうが良いですが、その分、フォロワーとのやりとりなどコミュニケーション

も多くなります。そういうやりとりが苦にならない人でも、フォロワー数が増えるとずっと張り付いていないといけないほど、想像以上に時間がかかります。

YouTubeは動画制作に時間がかかりますが、さらにがんばって2日に1回の投稿をしていても、効果が出るまでに、最低でも1年は続けなくてはいけないなど、とても根気のいるメディアです。

必死の思いでSNSをがんばっても、フォロワーや登録者数が増えない、「いいね」をもらえない、となるとやる気がなくなるんですね。だからといって、**放置していると、やる気のないアカウントだと見なされてイメージダウンにつながります。途中で止めると、それまでかけた時間と労力がすべてムダになりますから、中途半端にはじめるくらいなら、やらないほうがマシなのです。**

失敗例としてよくあるのは、会社のエラい人が若手社員に「SNSちょっとがんばってみてよ」と軽い気持ちで任せるケースです。他の仕事を外してSNSだけに集中してもらうならまだわかりますが、担当業務をこなしながら〝ついでに〟できるほど

SNSは甘い世界ではありません。

それなのに、実情をよく知らない上司ほど、**「全然フォロワーが増えてないじゃないか」「もっと魅力的に商品を紹介して販売につなげてよ」**などと、担当者のモチベーションを下げるようなことを言ってしまうのです。

こういう失敗を回避するためには、まず会社としてSNSをどう活用していくべきか具体的な施策を考えます。SNSに詳しい社員がいれば一緒に話し合い、やるからには本気で取り組めるルールや制度を導入したほうがいいでしょう。前に述べたように、レベルごとにインセンティブを決めて、社内インフルエンサーを育成するプロジェクトもそのひとつです。

SNSをはじめてからも他の人気アカウントを研究し、どういう投稿だとフォロワー数が伸びるのか、トライ&エラーを繰り返しながらオリジナリティを生み出していきましょう。でないと他と差別化できません。

〔獲得〕は見込み客だけを集めよう

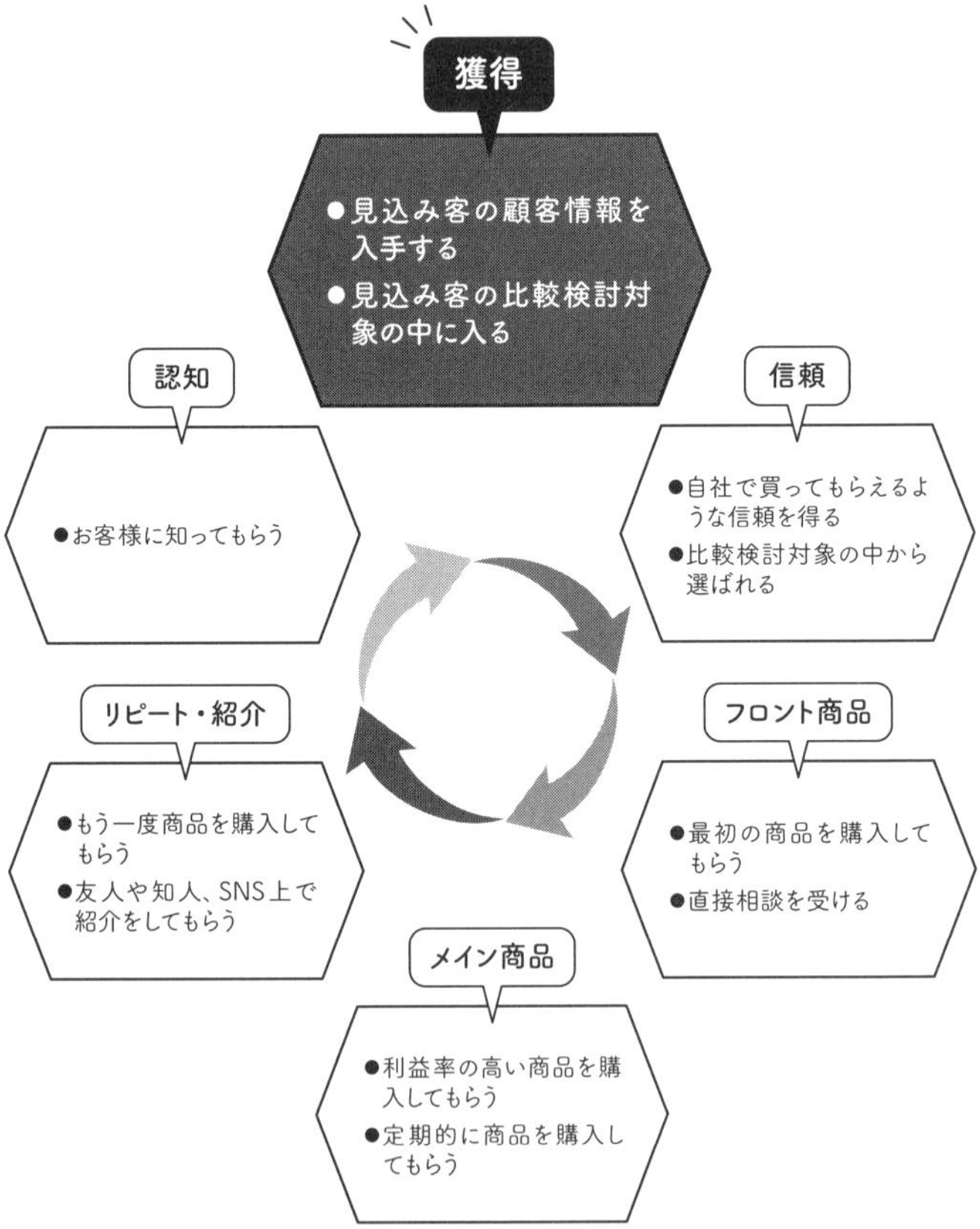

獲得
●見込み客の顧客情報を入手する
●見込み客の比較検討対象の中に入る
認知
●お客様に知ってもらう
信頼
●自社で買ってもらえるような信頼を得る
●比較検討対象の中から選ばれる
リピート・紹介
●もう一度商品を購入してもらう
●友人や知人、SNS上で紹介をしてもらう
フロント商品
●最初の商品を購入してもらう
●直接相談を受ける
メイン商品
●利益率の高い商品を購入してもらう
●定期的に商品を購入してもらう

2章

私はコンサルティングや講義では必ず、今まで〔獲得〕した「見込み客情報」を管理しているかどうか確認します。

ところが、そもそも「見込み客」という発想がない人が多く、前述したように「お客様か・お客様じゃないか」「買うか・買わないか」の二択で考えているのです。

でも、あなた自身がお客になって想像してください。「これを欲しい」と思った商品のプレゼントキャンペーンに応募したことはありませんか？

買うかどうしようか迷っていた商品が、そのお店のLINE公式アカウントを登録すると３割引クーポンがもらえるなら買ってみたいと思いませんか？

実際に試したら気に入って、また買おうと思うこともありますよね。心当たりがあるとおわかりだと思いますが、そのような購入前のアクションを起こした人の何割かは、その商品の実際の顧客になる可能性が高いのです。

「売上を伸ばしたい」「とにかく集客したい」と焦る気持ちもわかります。であればなおさら、買ってくれたり申し込んでくれたりする一歩手前の「見込み客」を大切にしましょう。

本章はその見込み客とのやりとりや〔獲得〕の方法をお伝えします。

見込み客情報を〔獲得〕する方法

将来、顧客になる可能性のある見込み客を「リード」と言います。リードの情報には名前、メールアドレス、電話番号、住所などの個人情報はもちろん、SNSのアカウント情報も含まれます。**リードを〔獲得〕すると、ダイレクトにメルマガを送ったり、SNSで情報を送ったりなど効率的な営業ができるのです。**

リードを〔獲得〕するためには、興味を持ってくれた見込み客が情報を登録できる「場所」を用意する必要があります。サイトやオウンドメディア、SNS、YouTube、メルマガなど多々ありますが、業種や商品によって相性の良し悪しがあります。

キャンペーン・LINEで〔獲得〕

サイト上やSNSで抽選5名のプレゼントキャンペーンを告知したときに1000人くらいの応募が見込めたら、1000人分のリストを〔獲得〕できます。キャンペーンは、プレゼントの他に「診断キャンペーン」、サイト上の「資料ダウンロードキャンペーン」などがあります。

弊社でも開発に携わった一般社団法人 日本パーソナルメイク協会の「コスメのパーソナルカラー診断」や、LINEから応募できるPascoの「パン診断キャンペーン」は頻繁に開催されているので、ご存じの方もいるかもしれません。これは主に見込み客のリードを〔獲得〕するために行われています。

無料のキャンペーンは、お客様にとってもメリットがありますが、企業サイドにもリードを〔獲得〕する大きなメリットがあるのです。

店舗の場合は、LINE公式アカウントに友だち登録してもらってクーポンを発行、プレゼントキャンペーンへの応募などが一般的です。

前に触れた中村接骨院も、LINE公式アカウント登録で選べる7大プレゼントを用意したところ、毎月およそ200人が登録。**高い技術を持つ院長のお試し施術をLINE公式アカウント登録の特典にしたところ、その施術を求めて毎月20〜30人ほど新規の来院者がありました。**〝カオカラダ®ゆがみ矯正「カチッとハマる®」〟という特許取得の専門技術でオンライン診療もしているため、遠方のお客様も多数お申し込みがあったそうです。

シェアされやすい「タイプ別診断」で〔獲得〕

SNSでときどき話題になる診断アプリで、「私は○○タイプでした！」という投稿を見かけたことありませんか？　それどころか自分でも診断してもらってシェアしたことがある人もいるかもしれません。16のパーソナリティにタイプ分けする「MBTI診断」が有名ですが、業種別に見ていくと次のように多種多様です。

ソフトバンクの「インターネットプラン診断」

クラシエの「漢方診断」

サッポロビールの「ビア充診断」
ポケモンセンターの「ポケモン自己分析」
結婚相談所の「恋愛タイプ診断」

私の起業家仲間が行ったケースですが、起業したい人のリード〔獲得〕のために「カリスマ度診断」をやってみたら、起業とはまったく関係のない人もたくさん登録してしまいました。リストは増えたけれど見込み客とはいえない人も多く、当然、集客効果も薄れてしまっているので一長一短でした。

同様に、自分に当てはまるキャラクターを診断してくれる「キャラクター診断」や、自分にピッタリのタイプがわかる「タイプ診断」なども作成してきました。人気が出てたくさんの方が診断を受け、たくさんのリードを〔獲得〕することもあります。

一方で、ただ単に診断をしたい方が登録するだけだと、その先の〔信頼〕や〔フロント商品〕に結びつけにくくもなります。そのため、ターゲット層を絞り込み、その先の戦略にきちんと結びつくような流れを設計することも大切です。

WEB接客のひとつ、AIでQ＆Aに答えるチャットボックス

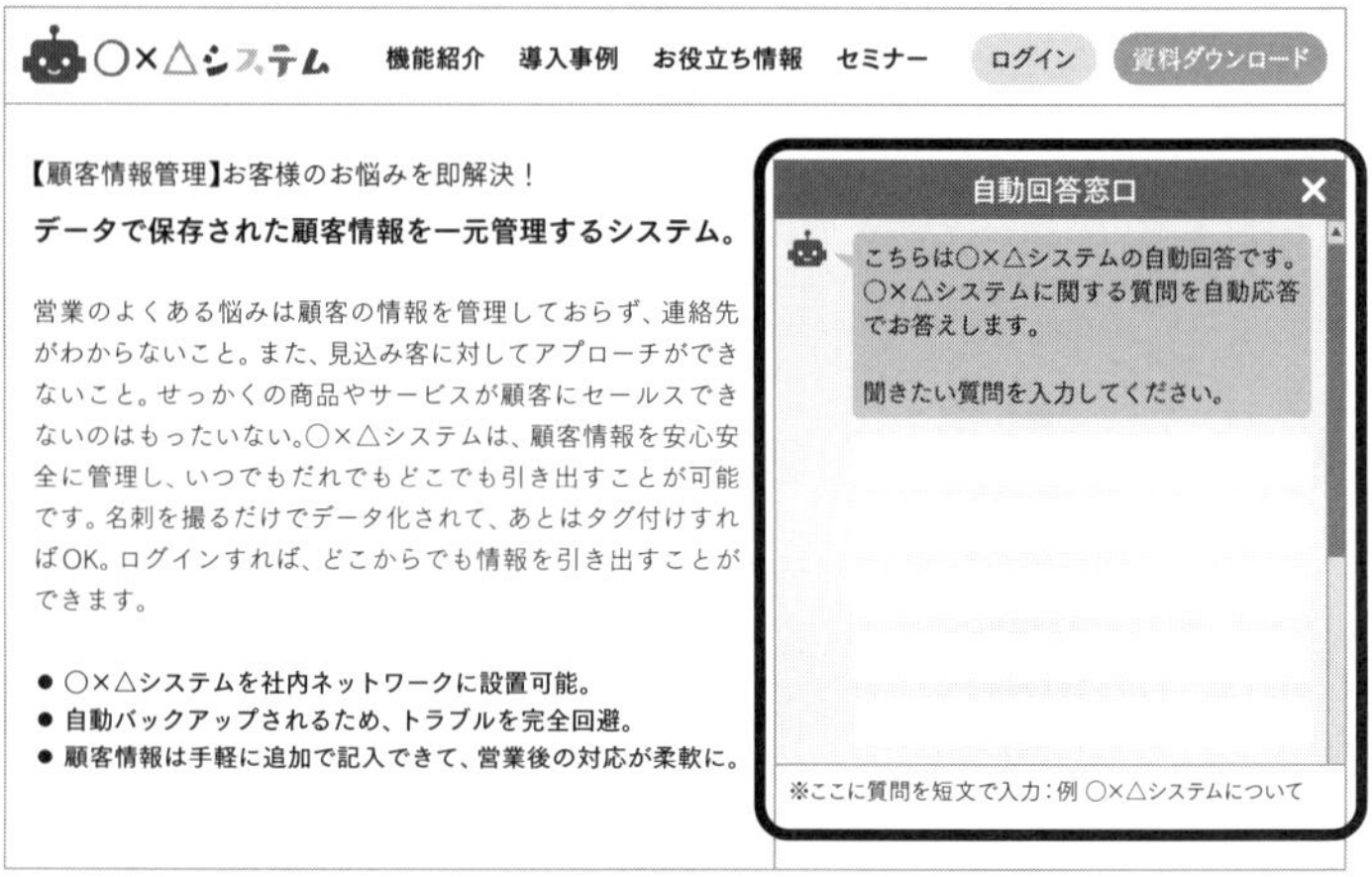

○×△システム
機能紹介
導入事例
お役立ち情報
セミナー
ログイン
資料ダウンロード
【顧客情報管理】お客様のお悩みを即解決！
データで保存された顧客情報を一元管理するシステム。
営業のよくある悩みは顧客の情報を管理しておらず、連絡先がわからないこと。また、見込み客に対してアプローチができないこと。せっかくの商品やサービスが顧客にセールスできないのはもったいない。○×△システムは、顧客情報を安心安全に管理し、いつでもだれでもどこでも引き出すことが可能です。名刺を撮るだけでデータ化されて、あとはタグ付けすればOK。ログインすれば、どこからでも情報を引き出すことができます。
● ○×△システムを社内ネットワークに設置可能。
● 自動バックアップされるため、トラブルを完全回避。
● 顧客情報は手軽に追加で記入できて、営業後の対応が柔軟に。
自動回答窓口
こちらは○×△システムの自動回答です。○×△システムに関する質問を自動応答でお答えします。
聞きたい質問を入力してください。
※ここに質問を短文で入力：例 ○×△システムについて

WEB接客・メルマガ発信で〔獲得〕

アプリをダウンロードするとクーポンがもらえるサービスも増えていますし、みなさんもご存じの「WEB接客」も増えています。サイトにポップアップ画面が出てきてキャンペーン参加の案内をしたり、チャットボックスで「何かお困りごとはありませんか？」とAIがQ＆Aに対応したりします。これは画面上で問題が解決するケースもありますが、そこで解決しない場合はリード〔獲得〕につなげることもあります。

ただし、商品やサービスの内容によっ

ては、WEB接客が逆に邪魔になったりするので、すべての業種に適しているわけではありません。

私が以前、一般社団法人歯の寿命を延ばす会の代表から、会の立ち上げ時に協会員となる歯科医院を増やしたいというご相談を受けたときは、ブログ、メルマガの発信を行っていただきました。その登録情報によって協会員の見込みとなる歯科医院のリードを〔獲得〕。**協会立ち上げ後すぐに100医院が登録、その後も継続して登録医院が増えていきました。**

実際やってみないとわからないことも多いので、まずははじめてみてから、過不足を調整していけばいいのです。

リードを入手したら、名前、メールアドレス、電話番号、住所などの情報をリスト化して管理することも忘れずに。

悩み・課題解決ビジネスは、無料のお役立ち情報で〈獲得〉

課題解決系のリード〈獲得〉は無料のお役立ち資料をＰＤＦ資料（マーケティング用語で「ホワイトペーパー」という）や動画でダウンロードしてもらう方法が効果的です。

私の会社で運営しているマーケティングカレッジ（ＭＡＲＣ）では、中小企業のＷＥＢ担当者向けのコラムサイト「ＭＡＲＣ ＢＬＯＧ」を運営しており、ＳＥＯ対策で上位表示することで月間35万アクセスを獲得。同時に、ブログ、Facebook広告、ＰＰＣ広告、ポップアップバナーでお役立ち資料のＰＤＦをダウンロードできるようにして、多くのリードを〈獲得〉しました。

無料の資料提供で注意すべきポイントがあります。

見込み客の方がダウンロードのために申し込みフォームに入力する際、入力項目が多くなると手間がかかってダウンロード率が低くなってしまう点です。かといってメールアドレスだけなどと項目が少な過ぎて偽名やいい加減な情報を入力する人が増えます。そのため、ターゲットが個人の場合は「名前」「メールアドレス」、企業の場合は「会

資料提供の申し込みフォーム

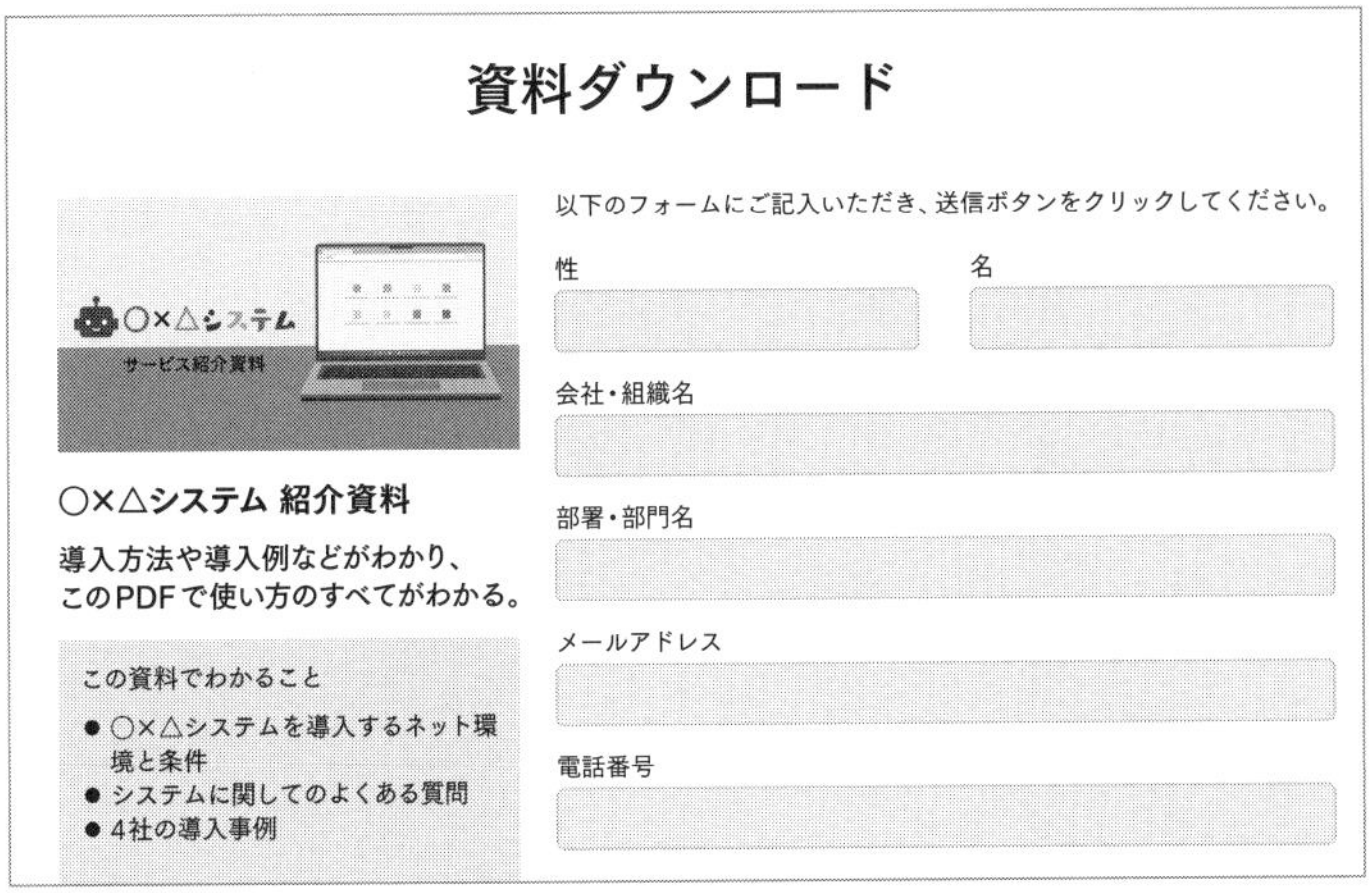
資料ダウンロード
○×△システム
サービス紹介資料
○×△システム 紹介資料
導入方法や導入例などがわかり、
このPDFで使い方のすべてがわかる。
この資料でわかること
● ○×△システムを導入するネット環境と条件
● システムに関してのよくある質問
● 4社の導入事例
以下のフォームにご記入いただき、送信ボタンをクリックしてください。
性
名
会社・組織名
部署・部門名
メールアドレス
電話番号

社名」「名前」「メールアドレス」「電話番号」にするなど、見込み客のどんな情報が欲しいかによって調整が必要です。

BtoBの場合、会社名まで入力してもらうと関心の高さがわかるので、その後の〔信頼〕につながりやすくなります。

地方創生事業も「無料の動画講座」で〔獲得〕

地方創生事業に力を入れている地方自治体でも、マーケティングの意識が高まっています。コロナ禍で地方のデジタル化の遅れが浮き彫りになった際、デジタルスキル育成を目的とした無料のオンライン講座「西海デジタルアカデミア」を開講した長崎県西海市もそのひとつです。

西海市は２０１６年度から、「地方にいても自分らしい働き方で、自分らしい生き方を見つける」というテーマで「西海市の新しい働き方セミナー」事業をスタートしました。２０２２年には、「西海市ＤＸ（デジタルトランスフォーメーション）推進計画」を策定し、デジタル技術の活用によって行政の業務を効率化。既存サービスの質の向上と新たな価値の創造を目指している地方都市です。

「西海デジタルアカデミア」もその一環で、デジタル技術を活用した地方ビジネスのためのオンライン講座を十数本配信。視聴用のメールアドレスや名前を登録してもらって、新しい動画を配信するたびにメールでお知らせして受講生を増やしました。

私も講師の１人として「地方ビジネスのための動画講座」を担当しまして、**最終的に「西海デジタルアカデミア」には３８８名の方が参加し、デジタル力を高めるための勉強をされました。**

競合が多い市場での戦い方

競合が多い市場ほど見込み客も争奪戦になります。それだけでやる気をなくす人も多いのですが、逆にライバルが多いほど燃える人もいます。

なかでもリフォーム業界は、WEBで複数の会社の比較や一括自動見積りができるサイトが乱立しており、完全なレッドオーシャン状態。ブランド力と技術力で優位な大企業も多いので、中小企業はよほど際立った強みがなければ、リフォームを検討している人たちになかなか目に留めてもらえません。

私が相談を受けた池袋のリフォーム会社「スマイルユウ」は高い技術力で顧客を増やしている企業でした。それまでPPC広告を中心に集客していたけれども、広告料が上がってきており、さらに集客を強めるために別の新しい戦略を試したいという、研究力のある社長さんとのプロジェクトでした。早速、強みをうかがったところ、社長が当時20以上の資格や免許を持っているすごい技術者だったのです。でも一般の人は、一級建築士くらいしかわからないですよね。そこで、どんなお客様が多いか何度も何度も社長の大塚さんに確認しました。すると、リフォームに失敗し、もう絶対に失敗したくないという方からの依頼が多いということがわかってきました。そしてスマイルユウさんの技術力なら他のリフォーム会社でできないような難しい工事も可能であることもうかがいました。

「一番の強みはこれだ！」

そう確信した私は、「業界30年の一級建築士が教える！　絶対失敗しないリフォーム」のタイトルでメール講座をはじめてもらって、申し込み用登録バナーを掲載。リフォームに関する毎日のブログ更新や、無料のオンライン講座も配信してもらいました。**それらの相乗効果で多くの見込み客のリードを〔獲得〕することができました。**

その後、高い技術力で他の会社や職人を育成するためのオンデマンド学習も始められています。

どの世界もそうですが、専門的でマニアックな話が好きな人は一定数います。**まだライバルがいない専門的な発信（〔認知〕）を、量も質も維持しながら根気強く伝え続けていくと、競合が多い世界でも他と差別化できるのです。**

エステ・ヘアサロン系の「クーポン」は季節性を重視

飲食店のクーポンを利用している方は多いと思いますが、料金が高いエステやヘアサロン系もほとんどの店舗がクーポンで新規顧客を〔獲得〕しています。ホットペッパービューティーでは新規来店で10〜30％割引のクーポンも多いので、お試し気分で使ったことがある方もいるでしょう。

競合他社も同じようなクーポンを用意しているので、ここでも差別化しなければ選んでもらえません。選ばれる美容サロンやヘアサロンはよく考えていて、季節によってクーポンを変えています。

たとえば、エステサロンだったら「お正月太り対策のお腹痩せ」「夏の日焼けによる肌あれ改善」、ヘアサロンだったら「冬のパサつき対策」「梅雨どきのゴワゴワ予防」といった、お客様の悩みを解決するためのクーポンです。

割引するだけのクーポンはいくらでもあるので、お客様が本当に「使ってみたい」「試してみたい」と思ってくれるかどうかが決め手です。

そのためにはやはり日々の接客のなかで、お客様のさまざまな悩みを理解する努力が大事です。

見込み客を追いかける「リマーケティング」の必要性

Google や Yahoo! に表示されるポップアップ広告を一度でもクリックすると、ＷＥＢページを開くたびに同じ広告が何度も表示されますよね。

キーワード検索や特定のサイトに訪問した記録は、すべてマーケティング会社が情報管理して追いかけているので、気がつけばＷＥＢ画面が自分の興味関心の広告だらけ……なんてこともあります。これが「**リマーケティング**」です。

一度でも広告をクリックしたり、気になることを検索したり、サイトを訪問したりした人は、その対象に対して潜在的ニーズがあります。**広告ではこのユーザーを見込み客と考えて、広告を何度も表示します。こうすることで単純接触効果があり、購買意欲も刺激されるため、購入、申し込みに至る可能性が高いのです。**

このリマーケティングの優先順位が特に高いのは、悩み・課題解決系のビジネス。自分や家族のことで悩んでいたり、仕事や人生の問題を抱えていたり、美容・健康に関する悩みがある人は、どうすれば解決できるか日々考えているため、情報収集にも熱心です。

そのため、こちらからも積極的にSNSやブログで情報発信して、関連キーワードのハッシュタグをつけるなどして目立たせると、目に留めてくれた人がフォローしてくれたり、メルマガに登録してくれたりします。

リマーケティングの効果が期待できるのは「BtoB」「BtoC」「CtoC」「人材採用」も含むすべてのケース。自社の商品やサービスに興味を持ってくれたターゲットに積極的にアプローチする有効な手段です。

子どもをターゲットにしたベネッセの〔獲得〕

お子さんがいる方は、「しまじろう」のキャラクターで人気の「こどもちゃれんじ」をご存じだと思います。会員でなくても、しまじろうグッズ付きのお試しセットが届いたり、レジャーランドやテーマパークへご招待という登録キャンペーンのチラシが置いてあったりとありとあらゆるところで目にするキャラクターですよね。

私にも子どもがいまして、池袋のサンシャイン水族館に家族連れで行った際、入り口近くにしまじろうのグッズをプレゼントしているコーナーがありました。そのグッズを子どもがとても欲しがったので、仕方なく申し込みをしました。申し込みには送付先の住所と名前が必要で、後日プレゼントが届くとのこと。

その後、「こどもちゃれんじ」の申し込み案内がしまじろうグッズと教材の見本付きで次々に届きはじめたのです。

最初は申し込む気はなかったのですが、ちょうど英語を習わせたいと思っていた時機に英語の「こどもちゃれんじ」が届いたので申し込みをしました。

その接触頻度の高さで子どもも「しまじろう大好き！」となり、子どもが楽しく勉強してくれるならと申し込む親御さんも多いはずです。

子どもが欲しいと思うプレゼントを子どもが来る場所の目の前に置いてリードを〈獲得〉する。子どもをターゲットにしたすごい戦略だと思います。ＤＭで何カ月も接触するマーケティングも徹底しています。

マーケティングは奥が深く、「これが欲しい！」と思ってもらうためにたくさんの戦術を組み合わせて行う必要があるのです。

〔獲得〕のよくある失敗

見込み客の情報を〔獲得〕するのは、まず興味を持ってもらって、気軽に無料で登録や応募をしてもらう段階です。

ところが、「せっかくだから」と自社の商品やサービスを理解してもらうために力が入り過ぎて、**登録ページにやたらと長い説明を載せている企業や店舗があります。**

お客様の立場だったらプレゼントを貰いたいだけなのに、長々と〔メイン商品〕の説明や会社の紹介まであると、情報量の多さに応募するのも面倒になりますよね。

また、前述のように登録フォームの記入項目を必要以上に多くして嫌がられるケースもよくあります。

こうした失敗をするのは、見込み客情報を〔獲得〕するだけの段階で、できるだけ「買わせよう」「申し込ませよう」と欲を出すからです。たまたまフラッと訪れたお店の店員さんに、いきなり面と向かって長々と営業をされたら誰だって引きますよね。
でも、お客様はただ無料の情報やプレゼントが欲しいだけ。目的の違いを意識しなければ、どうしても売る側の都合で考えがちです。**このすれ違いをなくすためには、多くても1スクロール以内でお客様がパッと見て興味を持てる情報量の少なさと、登録や応募の負担をかけない手軽さを重視することです。**

それと同じくらい忘れてはいけないのは、**いったん自社の都合は横に置いて、お客様ファーストでメリットを与える情報提供に徹することです。**

私の会社も、デジタルマーケティングやDX推進のコンサルティングがメインサービスですが、〈獲得〉の特典をつくるときは、クライアントが今欲しい情報を第一に考えて特典をつくります。最近の例をあげると、世の中でも注目度の高い「ChatGPT」の便利な活用方法がわかる特典を無料で提供しました。これは、本業のマーケティングやDX推進に関わるコンサルティングと直接関係するものではありませんが、お客様のホットなニーズに応えるために割り切りました。

結果的に、ある程度新しいもの好きの人や、今さら人には聞きにくいからこっそり勉強したいという方などが集まりました。つまり、「ChatGPTには興味があるが、まだ詳しい使い方は知らないくらい」で、「今後デジタルマーケティングやDX推進を行っていきたい」方々が弊社のちょうどよいターゲットになるという気づきも得られました。

こういうことは、実際にやってみないとわかりません。

私はこういう施策にまったく抵抗はありませんが、**「それはうちのビジネスとは関係ないから」「うちと関係ない特典をサービスすると関係ないお客まで申し込んでくるから」と考える企業もあります。それも、「見込み客の情報を得る」**という目的からズレていて、どうしても自社のビジネスを優先したくてそうなってしまうのです。

お客様ファーストに割り切っても10件に1件申し込みがあればいいほうですから、自社の都合を優先していたら、いつまで経っても効果は上がりません。「売るか・売らないか」の二択で、最初から百発百中を狙うほうが無謀なのです。マーケティングは正攻法を探すというより、実験して失敗・改善を繰り返すほうが早く本当の正解にたどりつけます。ですので、早い段階で失敗にも慣れていったほうが得策です。

〔信頼〕は接触頻度で深めよう

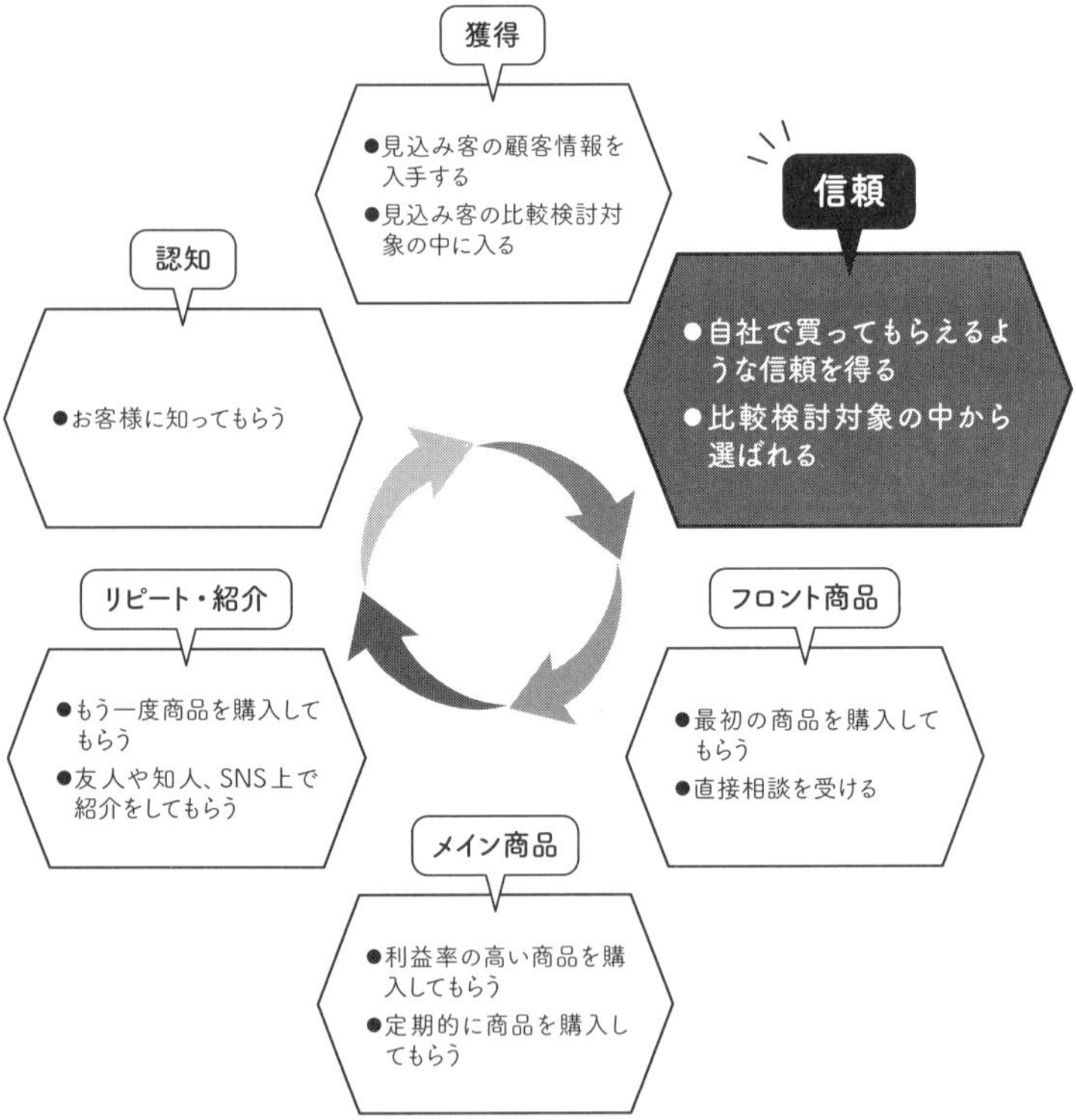

獲得
●見込み客の顧客情報を入手する
●見込み客の比較検討対象の中に入る
信頼
●自社で買ってもらえるような信頼を得る
●比較検討対象の中から選ばれる
認知
●お客様に知ってもらう
フロント商品
●最初の商品を購入してもらう
●直接相談を受ける
メイン商品
●利益率の高い商品を購入してもらう
●定期的に商品を購入してもらう
リピート・紹介
●もう一度商品を購入してもらう
●友人や知人、SNS上で紹介をしてもらう

3章

人と人との信頼関係は身近な人でも築くのにも時間がかかります。せっかく信頼されても裏切るようなことをしたら、一瞬で関係が終わってしまうこともあるでしょう。

見込み客との関係も似ています。〔認知〕で１回つながっただけの見込み客とはなおさら関係が希薄です。

前にも述べたように、今の消費者は選択肢が多くあります。あなたも、日々ネットから流れてくる情報で頭がいっぱいではないでしょうか？　お客様も同じです。

そんな状況で目に留めてもらうだけでも大変ですし、そう簡単に〔信頼〕は築けません。調べればいくらでも比較検討できるので、たとえ興味を持ってくれても、他の商品やサービスに気をとられるきっかけはいくらでも転がっているのです。

では、どうやったら見込み客から〔信頼〕してもらえるのでしょうか？

人間関係は、１回、２回より３回、４回と、会えば会うほど親近感を覚えます。それと同じで、商品やサービスも接触頻度が多いほうが〔信頼〕されやすくなります。

必要なときに真っ先に思い出してもらって、数多い選択肢の中で優先順位を上げてもらうための取り組みが見込み客に〔信頼〕してもらえるためのステップなのです。

無視されてもアプローチし続けるのが大事

どんなにインターネットが便利でも、クライアントの〈信頼〉を得るために直接会って話さなければならない業種もあります。特に、取引金額が大きいビジネス主体の大手企業は前述したとおり、**「1にも2にも対面営業」「展示会でまずは名刺交換」**という文化が残っています。

しかし、そのような業種でなければ、直接コミュニケーションしなくてもお客様から〈信頼〉を得ることは可能です。

「単純接触効果」という言葉をご存じでしょうか？　業界用語で「ザイオンス効果」とも言います。これは、人でもものでも音楽でも、接触回数が多いほど興味関心を持つ、心理的現象を意味します。

「単純接触」といっても直接触れ合うわけではありません。たとえば、毎日メルマガを送る。LINE公式アカウントで週2回メッセージを送る。地域密着型の店舗であればハガキやチラシを郵送する。そんな**簡単で手軽なアプローチで十分効果があるのです。**

もっとわかりやすい例で言うと、街中にある大きな看板や電車のポスター、何度も目にする広告もそうです。マクドナルドの袋を持っている人を何度か見かけると「今日はマックにしよう！」と思ってしまうのも（私だけかもしれませんが）、わかりやすい単純接触効果のひとつです。

メルマガやLINEはスルーする人も多いので、「それで効果があるの？」と思うかもしれません。ですが、「あ、メール来ているな」と受信者にタイトルを見てもらえるだけでもOKなんです。メールを開かないのは、そのときに必要ないだけですから。

いつも来ているメールやLINEが、たまたま自分が探している商品やサービスに関連する内容だったら、最初にそれを思い出してもらえる確率が高まります。

たとえば、不動産に興味があったときがあり、メルマガを登録。じっくりメールを読んだことはなかったが、物件探しをしていたときに、届いていたメルマガをたまた ま目にする。そうすると**「とりあえずこの不動産屋の内覧会を覗いてみようかな」**と思ったり、その不動産会社に問い合わせしたりするかもしれません。

また、ある通信教育講座からよく講座案内が届き、無視していたとしても、何らかのきっかけで英語をやる気になったとき、その通信教育講座が一番の候補にあがったりするものです。

ずっと無視していても送られ続けるDMは、その企業が接触頻度の大切さをよくわかっているからなのです。

ですから、読んでもらえないからと考えてメルマガやLINEを止めないでください。読んでもらえないのが当たり前。読んでもらえなくてもコツコツと送り続けることが大事です。

メルマガを高精度にする必殺技「ＭＡ活用法」

カタカナ用語が多いマーケティングですが、**「マーケティングオートメーション（ＭＡ）」**は覚えておきたい言葉です。これは、見込み客情報を一元管理してマーケティング活動を自動化、効率化する技術。要するに、ターゲットのニーズに合わせたマーケティングが自動でできるものすごく便利なツールなのです。

どのような機能があるか紹介します。メルマガは対象者の関心度合いに合わせて送る内容を変えたほうが、読んでもらいやすくなります。たとえば、見込み客の役に立つホワイトペーパーをダウンロードした人はその内容に興味があるので、さらに詳しい説明動画を送ってみる。資料をまだ読んでいない人には違う切り口での関心を持ってもらえる豆知識を送ってみる。このように、配信対象者のニーズや属性を分類して、それぞれのグループに適したメルマガを自動で送ることも、ＭＡを活用すれば可能になります。誰でもそうだと思いますが、一方的に興味ない広告がガンガン送られてくると〈信頼〉するどころかうんざりしてしまいますよね。メルマガは必要な情報だけ送られてきたほうが目に留まりやすくなりますから、MAはお互いにとっても効率的です。

MAでは見込み客のリードを属性に分けて「タグ」をつけて管理します。たとえば、PDF資料をダウンロードしてくれたお客様に電話をかけてみて、今は買う気がないとわかったら「すぐに購入予定なし」のタグをつける。次にMAでそのハッシュタグの人だけ追いかけて無料セミナーや体験イベントのお知らせを送る。その後、無料セミナーに参加した企業は、「検討の可能性あり」のタグに変えて、営業担当者がアポをとって訪問してみる。**このように先方の購買意欲の度合いを可視化できるので、それまで手当たり次第に足を運んでいた営業活動を効率化できます。**

これは、マーケティングの本場アメリカでは「リードナーチャリング」と呼ばれるものです。見込み客の購買意欲を高めて商談から受注へつなげていくマーケティング手法です。海外はもちろん、日本でも導入している大手企業はありますが、営業担当者が少ない中小企業ほど、こういうツールをどんどん活用したほうがいいでしょう。

本気の発信は「本物感」がしっかり伝わる

その商品が本当に優れている「本物感！」、そのサービスが本当に「信頼できる！」と気になれば、今はネットのクチコミですぐに調べられる時代です。

ということは、専門知識や専門技術を活かして他と差別化できる要素がある中小企業は、いかに「本物感」を伝えるかが集客のポイントになると言えます。

私がマーケティングをお手伝いした一般社団法人マネーキャリアコンサルタント協会は、Facebookとオウンドメディアで〔認知〕を拡大しつつ、お金に苦労する女性を減らしたいという想いのもと2016年からメルマガを発信。代表の笠井裕予さんは、最初の起業時に5000万円の借金を抱え、自己破産寸前の逆境からファイナンシャルプランナーとして成功を手にした苦労人です。その実体験にもとづいた等身大の説得力あるメッセージが共感を呼び、女性向けのマネーセミナー講師として多くの支持を集めました。**当時は、女性の専門家が女性向けにお金の教育をする講座が少なかったため、「マネーキャリアセミナー」には毎月30～40名が参加するほど人気になりました。著書も3冊出版して〈認知〉と〈信頼〉を深めていきました。**

本物感が伝わる他の事例を紹介します。美味しい食べ物をお取り寄せする需要が高まっている中、食べ物でも「安くて美味しい本物」の人気が高まっています。

私たちの会社でマーケティングの支援を行った弁慶丸の河西信明さんは、日本海が仕事場の筋金入りの漁師。鳥取県の港で獲れたて天然魚を箱詰めの直送便で全国に通販しています。通常漁師は漁業協同組合をメインとして販売を行いますが、**本物志向の魚好きのファンには直接新鮮な魚が届くと支持されています。**

多くのファンがついた理由のひとつは、漁師生活のリアルな日常やその日の水揚げ状況、魚の美味しい食べ方など情報満載のメルマガ「脱サラ船酔い漁師からの手紙」の配信。このタイトルだけでもおもしろいと思いませんか？　配信は週1回ですが、「いよいよ松葉ガニ解禁です！」とメール配信すると、売り切れる前に美味しい松葉ガニを食べたいと急いで注文する読者が多いようです（そのためよく売り切れています）。

河西さんが顧客から絶大な〔信頼〕を得ているのは、熱のこもったメルマガから漁師としてのプロ意識と専門知識、魚への愛、仕事愛など「本物感」が伝わってくるからでしょう。どんな人が獲ったどんな魚で、どんな風に食べれば美味しいのか、1から100まですべてわかる本気度MAXのメルマガです。


同じように「本物」のスイーツを自分でつくって楽しめる「はかりのいらないお菓子教室」も、メルマガ配信で売上が伸びました。代表は辻口博啓シェフのもとで修行し、腕を磨いたパティシエールの有希乃さん。確かな腕とともに、とても人気のお菓子教室を開かれていました。

未経験者でもホテルのスイーツを家庭でつくれる無料メールレッスンを配信していた有希乃さんは、コロナ禍でお菓子教室を開けなくなったときに、新しい試みであるお菓子づくりを動画だけで学べるコースを発売しました。お菓子づくりの材料とラッピング用品がセットで送られる動画コースがおよそ300人の方に購入され、販売開始後間も無く売り切れになりました。クリスマスやバレンタインなど季節に合わせたスイーツも好評で、中高年の男性受講者もケーキづくりに挑戦して家族に喜ばれたそうです。

誰でもプロっぽく仕上がるところがこのお菓子教室の強み。**リアルレッスンも含めると、日本全国、ほか海外からも延べ5000人がレッスンに参加しています。**

その道のプロが「本気」でメルマガを配信すると本物志向のユーザーから支持されます。実際、そういうメルマガは読者のコメント欄にも共感や感動の声が多いのです。

さらに、メルマガを書くためには、その商品やサービスの何がすごいのか、どこが他と違うのか言語化しなければいけないので、自分の仕事を客観視できます。言語化すればするほど自分の仕事の解像度も上がり、さらにやるべきことが見えてくるのです。それでも「文章を書くのは苦手」「自分の仕事を言語化するって難しそう」という方は、Instagram や YouTube でもいいですから、自分に合う方法でコツコツ発信を続けたほうがいいでしょう。

メルマガの開封率を上げるコツ

メルマガでも開封されるものとそうでないものがあります。同じ文面（内容）の１０００件のメルマガが配信されていて、３件だけ開封されるのと１００件が開封される、違いは何だと思いますか？

スマートフォンでメールを確認するときを思い出してみてください。

受信トレイで目に入るのは「送信者」と「件名の最初の10〜15文字」くらいでしょう。つまり、**メールは件名の15文字が勝負を分けるのです。**ここでただの売り込みメールだと思われると開いてもらえません。

たとえば**「新商品のご案内」「あなたへのオススメ」「販売開始！」**といった件名はどれもダメ。まったく開く気になれません。

では**「届いた方限定30%オフ」**はどうでしょうか。ちょっと気になって見てみたくなりませんか？**「ご予約はお済みですか？」**と件名に入っていると「あれ？自分の予約のことかな？」と確認したくなります。

「必ず開封してもらえるコツはないの？」と思った方もいるでしょう。それがわかればみんな苦労しないのですが、私の経験上わかった必殺技を教えましょう。

まずアイコンを送り主の顔写真にして、誰から来たメールかわかるようにします。そして「谷田部様をご招待……」と件名に相手の名前を入れたメールは開封されやすいです。

なぜなら「自分だけに来た特別なメールかな？」と思うからです。だからといって、何度も繰り返すと〈信頼〉を失うので「ここぞ」というときだけ使いましょう。

もうひとつ、必殺技とまでは言えませんが、秘策があります。**送り主の人柄や近況が伝わる件名です。**

たとえば、「1歳の息子がしゃべった驚きの言葉」とか、「人生で一番泣いた映画の話」とか。「ん？ なんだろう？」と気になって開いてみたくなりませんか？

本気のメルマガならば、開封して欲しいものです。まずは件名を整えましょう。さらに、他社の自分が思わず開いて読んでしまったメルマガを、送り主の視点で読んで研究してみましょう。今まで意識していなかった発見があるはずです。

開封率が高い、LINE公式アカウント戦略

はじめて買い物をしたお店で「**当店のLINEに登録すると割引になります**」と言われたことありませんか？　一瞬「めんどくさいな」と思っても、「安くなるなら登録するか……」と仕方なくお友だちに追加しますよね。

メルマガの開封率は3〜10％程度ですが、その点、LINE公式アカウントでの開封率は80〜90％と高いので、同じ案内やメッセージを送るならLINEのほうが断然見てもらえる可能性は上がります。

BtoBの場合、メールを読む担当者がまだ多いのですが、メルマガが迷惑メールに入ってしまう確率も高まっており、読む人が減っています。それも、LINE公式アカウントの重要性が高まっているひとつの理由でもあります。

特に、近隣に住む人が顧客対象の店舗や教室は、LINEでお客様と直接コミュニケーションしたほうが〔信頼〕は増します。LINEのほうが気軽にやりとりできる分、親密さを感じられるからです。

ただし、LINEは簡単にブロックされますし、LINE社がルールをころころ変えて料金プランも上げているため、使い勝手が悪いと思う人もいるかもしれません。

現在は、200通までのコミュニケーションプランは0円ですが、ライトプランは5000通で月額5000円。スタンダードプランは3万通で1万5000円。以前はライトプランでも1万5000通だったので、5000人の顧客に月3回はメッセージを送れましたが、今は1回送ったらおしまいです（2023年12月）。

しかしそれをふまえても、やはり店舗や塾や教室は、LINEが一番、〔信頼〕を構築しやすいツールであることは間違いないでしょう。

開封されるLINEの配信方法

ＬＩＮＥ公式アカウントで送られてくるメッセージで、必ずと言っていいほど開封する配信はなんだと思いますか？

「3日間限定50％オフクーポンプレゼント！」

「早い者勝ち！　先着100名様50％！」

こういうメッセージが届いたら、「え？」と気になって思わずクリックしてしまいますよね。私は職業柄、さまざまな企業のＬＩＮＥ公式アカウントに登録していて、配信頻度や開封率の高そうな配信を研究しています。その中でも断トツに上手にＬＩＮＥを活用しているのが、前にも触れた澤井珈琲です。

澤井珈琲は定期的に楽天市場でセールをしていて、週に1回くらいの頻度で配信があります。そのたびに**「早い者勝ち！」「売り切れ御免！」**といったキャッチコピーで50％オフクーポンを配布。気づいたときにはなくなっていることもあります。コーヒー好きにとって、美味しいコーヒーが安く買えるほど嬉しい特典はないので、ブロックしたくてもできない優れた戦略だと感心します。

ドミノ・ピザもＬＩＮＥ公式アカウントの先駆者で、ＬＩＮＥが流行するずい分前からＬＩＮＥアプリ限定の50％オフクーポンを発行しています。そのたびにピザを食べようとは思いませんが、たまに家族と「ピザでも食べようかな」となったとき真っ先に思い出すのはドミノ・ピザです。そのタイミングで50％オフクーポンがあればラッキーですが、もともと安いので接触頻度の高さで迷わずドミノ・ピザを買ってしまいます。

私がたまに行く近所の接骨院もＬＩＮＥで予約可能なのがポイントです。

「○月×日の何時ごろは空いていますか？」と送るとすぐに返事が来るんですね。この接骨院が上手だなと思うのは、月日が経ったときでも、こちらの状況に合わせて定期的にメッセージを送ってくるところです。

「谷田部さん、こんにちは。前回の施術からだいぶ時間が経ちましたが、その後、首や腰の不調はございませんか？」

このようなメッセージが来ると、「半年も行ってないのに覚えていてくれたんだ。首や腰は大丈夫だけど、最近足がたまに痛むから見てもらおうかな」と思います。

そういう気遣いメッセージがちょくちょく来るとやはり〈信頼〉が上がりますよね。ストレッチの動画や割引クーポンをサービスで送ってくれることもあるのですが、それだけではここまで〈信頼〉は上がりません。**ちょっとしたひと言の気遣いは、簡単なようでできないので印象に残りやすいのです。**

インターネットが普及する前までは、お客様に対する気遣いやセールの案内をお便りで伝えていました。それはそれで、ひと手間かかっている現物なので、ハガキが届けば必ずといっていいほど見てはもらえます。ですがＬＩＮＥはより手軽にやりとりできる分、接触頻度を高められるので顧客との距離を早く縮められるのです。

「嫌われる発信」と「好かれる発信」の決定的な違い

どんなにがんばって発信を続けても、ブロックやフォロー解除されたらがっかりしますよね。まるで好きな人にフラレたような気分……。そう思う人もいるかもしれません。では、自分がお客様側だったらどうでしょうか？

日々流れてくる情報が多過ぎて、パッと見て役に立たなそう、フォローする価値がない、うるさいと思ったアカウントからはさっさと離れたいですよね。あなた自身が今まで、ブロック、解除してきたメルマガやＬＩＮＥを思い出してみてください。

売り込みだらけのプロモーション専用ＳＮＳやＬＩＮＥ公式アカウントは「釣り」狙いです。エサをばらまくように配信して数％でも引っかかる人がいればＯＫ。他の９割近くには嫌われてもいい、というムダだらけの世界です。

メールは無視できるので、読まなくてもそのままにしている人が多いです。私にもよく**「メルマガを送っているんですけど効果がありません」**と相談があります。この場合は大抵、「こんな新商品が出ました」「これはオススメです」といったよく見る売り込みメールしかしていません。送るほうは何が問題なのか気づきにくいんですね。

ＬＩＮＥ公式アカウントは即効性があるので、毎日のように売り込まれたら即ブロックされてしまいます。割引セールやクーポン情報なら、ユーザーにとってもメリットがあるので喜ばれますが、それでも配信は週1〜2回が限度でしょう。

逆に配信が少な過ぎるのも問題です。年1回ぐらいの少な過ぎる配信だと悪目立ちして、「あれ？　こんなアカウント友だち登録したっけ？」とブロックされやすくなります。ブロックされるのが怖くて配信回数が少な過ぎるのも逆効果です。

では、ブロックされない好かれる配信の共通点はなんでしょう？

もうおわかりですよね？　ユーザーにとって有益で、また見たい、また読んでみたいと思われる配信です。つまり、**「課題解決になる」「何かの役に立つ」「知っている**

とお得」「トレンドのニュース」「本当にお得な限定キャンペーン情報」「とにかくおもしろい」といった情報です。

YouTube、TikTokでバズっている投稿や、届くとつい読んでしまうメルマガ、ブロックしないLINE公式アカウントを見れば、これらのうちどれかに必ず当てはまるはずです。参考にしてみてください。

思い出してください。〈認知〉〈獲得〉してきたのに、〈信頼〉でブロックされると残念ですよね。ここでも手を抜かず、好かれる発信をがんばりましょう。

フォロワーは多いけど、「まったく売れない発信」の特徴

登録者やフォロワーは多くても、自社の売上にまったく結びつかなければ、労多くして功少なし。**たとえば、「読者からの感想はきますがまったく売れません」という相談。発信の内容は有益なのに、まったく売り込みをしていなくて売れていないケースがあるのです。**

「売り込みをすると嫌がられそう」と思う謙虚な人にありがちなのですが、売りたい商品があっても購入先のリンクは最後に小さく載せているだけだと目立ちません。

メルマガを登録したり、SNSでフォローしたりする人は関心ある情報を知りたいだけでなく、必要があれば欲しいと思っている「見込み客」です。せっかく嫌われない配信をしているのであれば、堂々と自社の商品やサービスを売り込みましょう。

私がコンサルティングを行った一般社団法人 日本栄養バランスダイエット協会も、メルマガを上手に活用して、きちんと食べて健康に痩せることができる「ダイエット講座」の申し込みを増やしていきました。代表理事で管理栄養士の三田智子さんが配信しているダイエットのメルマガはとてもためになり、役立つ内容でファンも多かったです。

一方で、ご本人の優しい性格もあり、売り込みをほとんどしない内容だったので、当初の講座の申し込み数は限定的でした。「読者も喜ぶ講座の内容ですし、しっかりと目立つようにご案内も入れてください」とお願いし、**配信していただいたところ、想定していたよりもはるかに多くの申し込みが入りました。**その後もメルマガを毎日発行し続け、インストラクターの育成や書籍の出版、Instagramの活用などを行いながら、協会は急成長していきました。

読者は興味のない内容で売り込まれることは嫌がりますが、自分が興味あるご案内は喜んで読んでくれます。ですので、ターゲットの興味にあった適切なご案内をしっかり目立つように行うことも重要なことです。

ある化粧品販売会社は、会員向けに発行している冊子でのご案内を中心に行っていましたが、年々効果が薄れているというご相談をいただき、メルマガの発行をおすすめしました。その会社ではメルマガの発信を行ったことがあまりなく、メルマガはあまり効果がないと思っていました。そこで、美習慣に関するお役立ち情報のメルマガを開始し、会社にとっての〔**メイン商品〕である美容クリームが即日完売。**メルマガでこんなに反響があるとは思っていなかったと喜んでいただけました。

弁慶丸の河西さんも、メルマガではほとんど売り込んでいませんでした。漁師の近況や水揚げ状況、美味しいカニの見分け方をアドバイスしたあと「もし良かったら購入してくださいね」という程度だったのです。それでもファンの読者は多く、販売も順調でした。

さらに販売数を伸ばすために、メールのはじめに**「松葉ガニの先行予約始めます！」「○月から魚の水揚げが増えてきます」「累計販売セット数が、77777セットを突破いたしました!!」**といった内容のメールを配信していただき、今の季節にしか手に入らないお魚の情報をお送りすることで、**販売数をさらに伸ばすことができました。**

このように「売れている感」を伝えることも大切です。


映画の告知もそうで、「○月○日公開決定!!」「公開1週間で観客動員数100万人突破！」とドーンとPRしている作品は気になります。

マーケティングも同じで、**「売れている感」**を伝えることも大事。そのうえで、予告、告知、フォローアップをきっちりしたほうが〈信頼〉を与えます。

ただし、画像やリンクが多いメールはプロモーションと判断されて迷惑メールに入ることもあるので要注意。画像は1通3画像まで、リンクも3～4つまでとするのが妥当です。


本物の商品を提供したい人ほど謙虚で素晴らしい人です。配信も謙虚になりがちですが、ここは割り切って売り込みも大事だと再認識してください。

自社サイトやSNSで、深い〈信頼〉を与えるコツ

WEBサイトもなくSNSも動画も何もやっていない会社は、〈信頼〉どころか存在さえ知ってもらえません。**「じゃあ、SNSのアカウントと自社サイトをつくればいいのね？」**と、つくっただけで放置したら、それはそれで不信感を与えてしまいます。いったんやると決めたからには、〈信頼〉を得られるまで努力しましょう。続けてはじめて効果を実感できるのです。

努力するといっても、難しい話ではありません。

見込み客との〈信頼〉を構築している会社は、自己開示や日々の発信を徹底しているのです。商品やサービスの魅力だけでなく、どういう人がどんな思いで仕事に取り組んでいるのか、経営者やスタッフの人柄まで伝わる発信を意識しているのです。

社内や従業員の様子を投稿して、自分たちがつくっている商品やサービスに対する熱い思いを伝えれば伝えるほど、〔信頼〕は高まっていきます。たとえば、スタッフの等身大のインタビューを載せるのもオススメです。

お客様は「誰から買うか」を重視しています。

性能も見た目も値段も同じような製品がいくつもあって、どれにするか迷ったら、知らないメーカーより知っているメーカーの中から、より信頼できそうなものを選んで買いますよね。そのためには、会社を好きになってもらうだけでなく、つくっている人や売っている人も好きになってもらったほうが選ばれやすいのです。

デジタルでお客様とつながっているけれど、顔が見える、温度感が伝わる発信をすると、より〔信頼〕が深まるでしょう。

「地道な努力をコツコツ行う」、それはお客様に届いている

ここまで読んで、**「〈信頼〉を築くのって大変そう。自分にはできない」**と弱気になっている人もいるかもしれません。実際にここはがんばりどころです。

前述のようにYouTubeも効果を感じられるまでにそれなりに時間がかかります。同じように〈信頼〉を築くのにも時間がかかるのです。また、ただ配信すればいいわけでもありません。押してもダメ、引いてもダメでバランス感覚も大事。さらに、ターゲットのニーズに適切に応える内容を心がける必要があります。

つまり、**日ごろからお客様の気持ちをよく考えることが大切なのです。**ところがそれを面倒だと思ってやらない人も多くいます。

ここが〈信頼〉を築けるかの分かれ道。

自分がお客様になったつもりで考えてみてください。情報が多過ぎてどれを選べばいいかわからないとき、〈信頼〉している人から背中を「ポン！」と押してもらったほうが決断しやすいと思いませんか？

もともと欲しいものや求めているものがはっきりしている人なら、即断即決できるかもしれません。でも漠然としたニーズがあるけれども決められない人は、「ここにいい商品がありますよ！」「このサービスは受ける価値がありますよ！」とはっきり言ってもらったほうが決断しやすいのです。

その決断を後押しするのが〈信頼〉です。

ですから私は、クライアントが〈信頼〉を築く努力を何もしていなかった場合は、6マスのなかにおける優先順位を高めてがんばってもらいます。

何もやってこなかった人ががんばりはじめると、成果が出やすいからです。

〔信頼〕のよくある失敗

「タダ」を出し惜しみする

お客様に売ることばかり考えている会社にありがちですが、タダで何かを提供することに抵抗があると、お客様からの〔信頼〕は得られません。

「無料だからここまでしか言えない」「無料だからここまでしかやらせない」「無料だからお金をかけてもしょうがない」……。

儲からないことに手間暇かけたくない気持ちも、わからないでもないですが、出し惜しみしないほうが結果的に良い効果が得られます。

「ほぼ無料のグッズプレゼント」も、「知識や経験談が丁寧に書かれたメルマガ」も、儲かるか・儲からないかで考えれば、短期的には後者に当てはまるかもしれません。でも、確実にそこから購入や申し込みにつながっている人がいるわけですから、決してムダではありません。むしろ、同じことをやるかやらないかで考えたら、出せるものを出したほうが〔信頼〕してくれるお客様は集まってきます。

評判や〔信頼〕がビジネスに影響する社会では、**「Takerではなく Giverになれ」**とよく言われます。実際、自分がGiverになってみると、世の中いかにTakerが多いか驚くでしょう。無料であげたものに文句をつけてきたり、さらなる要求をしてきたりする人もよくいます。そういう人は、**お客様の対象外にしてかまいません。**

全体の10%であっても〔信頼〕を築けるお客様を大切にするために、出し惜しみはしないでください。LINE公式アカウントもメルマガも、「見てくれる人が少ないからやっている意味があるのかな？」という人もいるのですが、そこでやめてしまうのが最大の失敗です。9割見てくれなくても1割、見てくれる人に送り続ければいいのです。

売り込みし過ぎる

もうひとつの「あるある」は、売り込みし過ぎて失敗するケースです。

〈信頼〉は、次のステップ〈フロント商品〉につなげるために構築するもの。〈メイン商品〉の売り込みばかりしていると押しつけがましいと思われてしまいます。

リードを多く持っている企業のメルマガでもこういったケースは多く、それでもいいと割り切っているならいいのですが、リード数が限られている中小企業や個人事業主はそんな悠長なことは言っていられません。

手間暇かけて書いたメルマガが売り込みだらけで、〈信頼〉どころか嫌悪感を抱かせてしまったら、せっかく興味関心を持ってメルマガ登録してくれたお客様がどんどん離れていってしまいます。

相手が読みたくなる「お役立ち情報」や、経営者、スタッフの人となりが伝わる「親近感あふれる内容」を意識して発信してください。

また、〔信頼〕構築を目指して書いても、解除やブロックする人は必ずいるので気にしないでください。10割のうち9割には無視されるのが普通です。

解除やブロックが続くとやる気をなくす人もいますが、相手にしないでいい9割の人に振り回されるのは本末転倒です。

もちろん、「売り込みばかりしない」「夜遅く配信しない」「長文のLINEは送らない」など、解除やブロックされやすい原因がないか、内容を見直すことも大事です。そういう努力はもちろんしたほうがいいのですが、それでもブロックや解除がまったくゼロになることはありませんから、気にしないで大丈夫です。

利益を最大化する〔メイン商品〕の売り方

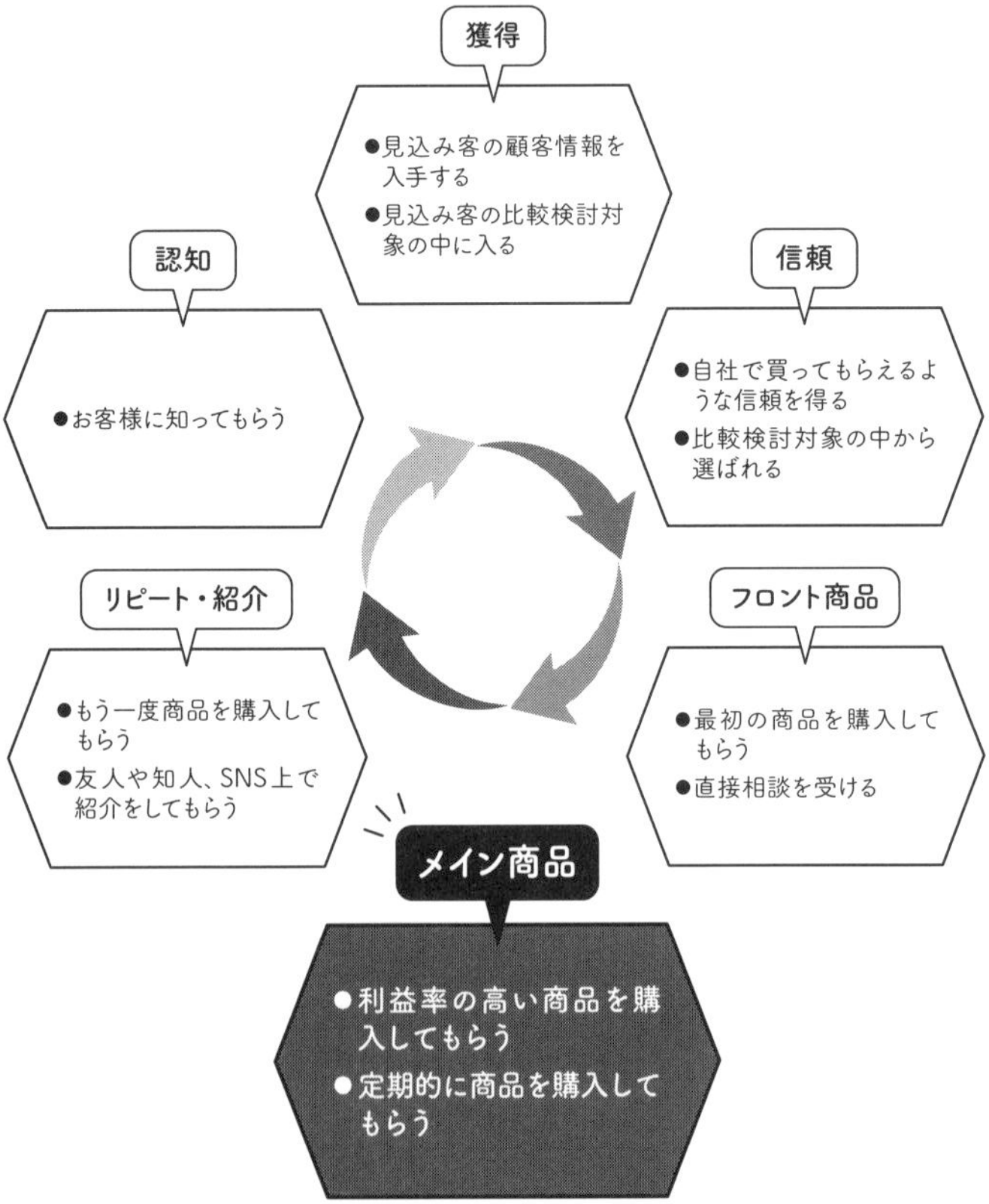
獲得
●見込み客の顧客情報を入手する
●見込み客の比較検討対象の中に入る
信頼
●自社で買ってもらえるような信頼を得る
●比較検討対象の中から選ばれる
フロント商品
●最初の商品を購入してもらう
●直接相談を受ける
メイン商品
●利益率の高い商品を購入してもらう
●定期的に商品を購入してもらう
リピート・紹介
●もう一度商品を購入してもらう
●友人や知人、SNS上で紹介をしてもらう
認知
●お客様に知ってもらう

4章

6マスでは4番めが〔フロント商品〕ですが、〔メイン商品〕が決まらなければ〔フロント商品〕も決められません。

なぜなら、〔フロント商品〕の最大の目的は〔メイン商品〕を購入・申し込みしてもらうことだからです。その目的を達成するためには、先に〔メイン商品〕をどう売るかを決めなければなりません。

そこで、まずは〔メイン商品〕の売り方を説明していきます。

〔メイン商品〕とは何か。わかりやすく言い換えると、「自社がもっとも力を入れている売りたい商品」や「利益率が一番高い商品」などです。

その中には、単価が高い商品もありますが、「回数券」や「まとめ買い」「定期購入」などのパッケージ商品やサブスクリプション商品など、顧客単価やリピート回数を増やすことができるサービスや商品も含まれます。

現時点で利益率が高い〔メイン商品〕や、顧客単価やリピート回数を増やすサービスがない場合は、新たにつくらなければなりません。

すでに〔メイン商品〕はあるけれども数が売れない場合は、次の章で説明する〔フロント商品〕を見直すことで改善する可能性もあります。本章で〔メイン商品〕の決め方、売り方をみていきましょう。

売れない理由はターゲットを絞れていないから

大量生産・大量消費が可能だった時代、多くの企業が効率よく生産した商品を競争力のある価格で販売し、成功を収めてきました。ユニクロは素敵な服を競合より安い価格で世界中に販売し、大成功しています。

しかし、資本力のない中小企業が今から同じことができるでしょうか？　消費者のニーズも多種多様になり、人件費や原材料費が高騰する現代では、同じ戦略を始めることは簡単ではないのです。

むしろ発想を変え、「限定30個、予約発売を受け付けます」「このサービスの申し込みは4月1日から先着順100名で終了します」と、**希少価値の高さで売ったほうが成功しやすくなります。**

弊社でも立ち上げから支援させていただいた、モンテッソーリ流の子育て教育事業を立ち上げた一般社団法人輝きベビーアカデミーは、立ち上げ当初のターゲットを3歳までの子育てをしている親と決めました。最初に相談を受けたときは年齢の上限はなく、幅広い子どもに必要な子育て法だったので「強いて言えば、何歳までの子育てなんですか？」と代表の伊藤美佳さんに確認したら「3歳までです」と。まずは、**その年齢にターゲットを絞ったところ、ターゲットが絞れたことで発信するアドバイスも具体的になり、受講者数が伸びました。**

10歳までだと、0歳の子どもを持つ親は「自分の子どもはまだ早いかな」と思いますし、9歳の子どもを持つ親は、「今からはじめても遅いだろうな」と思ってしまいます。けれども3歳までであれば、0歳はもちろん、3歳でもまだ間に合うなら通わせたいと思いますよね。教えるほうも対象を限定して専門性を高めたほうが、より商品やサービスの強みを絞り込めて、満足度も高めることができるので、その分野の第一人者になりやすいのです。

輝きベビーアカデミーでは、3歳までの子育てで大人気になったあと、それ以上の年齢の教育や子育て方法も教えるようになりました。

このように〈認知〉度に合わせてターゲットをだんだんと広げていくこともできます。

自社の場合に置き換えても**「どうしたらいいかわからない！」**と思われる方は次のように考えてみてください。

ビジネスの世界は自分で競技を決められるスポーツ大会のようなもの。オリンピックみたいに、競技種目が決まっている世界では強者が多過ぎて勝てません。

でも、自由に競技をつくっていい世界なら、自分にとって有利な専門知識やスキルを最大限活かして、勝つためのルールまで決めてしまえばいい。**他人に合わせて戦っているから勝てないだけで、あなたの会社が弱者なわけではないのです。**

日本人は、「他と同じじゃないと不安」と思ってしまう集団心理が働きやすいのですが、中小企業や個人はむしろ他と違うほうが優位に立てます。

こういうアドバイスをしているマーケティングの本は他にはないでしょう。だからこそ、本書を読んでくださった方も何かしら希少な武器を手にしてくれるはずだと信じています。

大企業にも勝てる〔メイン商品〕のつくり方

「〔メイン商品〕ははっきり決まっています。ターゲットも絞り込んでいます。でも売れません」という場合は、何が問題なのでしょうか？

「価格を安くすればいいのでは？」と思うかもしれませんが、自社の商品やサービスを安売りしたい会社なんてありません。むしろ「自分たちが提供しているものは本物で自信がある」、だからこそ、「もっと多くの人に知ってもらいたい」「必要としている人に買って欲しい」と思われているはずです。

そのためには、自社の商品やサービスの「強み」を明確にして、どうアピールすべきか、切り口を考えなくてはいけません。

そこで、自社商品の「強み」が何か改めて書き出してみてください。

いろいろあってまとまらない場合は、「こういうものを探している人は絶対にうちの商品がオススメ！」「こういう悩みがある人は絶対にうちのサービスでしか解決できない」と思えるものが強みです。

簡単に「強み」を知る方法があります。

自社商品の愛用者やサービスの常連客に「何がいいか」を直接聞いてみることです。私がコンサルティングをはじめたときも、「なぜ私を選んでくれたんですか？」とクライアントに聞いていました。よく言われたのは、「どんな質問をしても優しく教えてくれるから」「パソコンやＳＮＳの使い方がわからなくても怒られないから」というもの。さらによくよく聞いてみると、お客様がわからないことがあるとき、「自分で検索して調べてください」「同じことを何度も聞かないでください」というコンサルタントが多いそうです。

コンサルタントにとっては時間が命ですから、その気持ちもわかりますが、我が社では「パソコンやＳＮＳの使い方がわからない人でも、丁寧に優しくお手伝いしてデジタルマーケティングで成功へ導く」を強みとしました。

コンサル業界もそうですが、**「強み」や「差別化」が求められるのは同業他社が多いジャンルです。**たとえば結婚相談所もそのひとつ。晩婚化が進み、ニーズが高まっている市場です。特に中小や個人経営の相談所は、大手とどれだけ差別化できるかがカギになります。

私が相談を受けたケースでは、どのクライアントもニッチなコンセプトで集客に成功しました。たとえば、東京銀座の「最短結婚ナビ」は、**年収が高くても時間がなく婚活ができない男性を、最短で結婚させることが強みです。**期間によって10万～20万円ほどのコースに入会した方は、何回でもお見合い可能で、成婚者の平均活動期間は6～10カ月。代表の鎌田れいさんは婚活ライターでもあり、その豊富な経験と実績で続々とエリート男性を成婚に導いています。

一方、お嬢様育ちの人をターゲットにしている「しあわせ相談倶楽部」。代表の村田弘子さんはInstagramやFacebook、YouTubeで「ハイクラス成婚カウンセラー」として発信。**お嬢様育ちの人には個性的なタイプが多いそうで、そういう方でも幸せになれる結婚相談所として人気を集めています。**

同じ婚活でも、料理を切り口にしているのは「料理で彼の心と胃袋をつかむ」がコンセプトの「愛されめし協会」です。**他で見たことがないおもしろい切り口で人気**ですが、代表の青木ユミさんは調理師で専門学校講師として8年勤めた後、起業して、ご自身も結婚。お子さんにも恵まれたので、料理も婚活も説得力あるアドバイスが好評です。

このように、「そう来たか！」と思うようなインパクトある「強み」や「切り口」で勝負しているケースは増えています。

スイーツでも麺類でも、何かひとつの「推し」だけに特化したお店はめずらしくありません。私の会社の近くにも**〝わんこそば方式の紅茶飲み放題〟で人気のティーサロンがあります。**お酒の飲み放題ならよくありますが、紅茶というのはめずらしいですよね。「MLESNA TEA」は無農薬で化学肥料を使用しないハイクオリティーな紅茶が楽しめるブランド。しかも100種類の紅茶が1200円飲み放題で、混雑時以外は時間無制限。フレーバーはお店側がランダムにセレクトして飲み干したタイミングで自動的に次の紅茶をどんどん注いでくれるわんこそば方式なので、紅茶好きの人たちの「今日は7種類飲めてラッキー」といったSNSの投稿で話題になりました。

要は、中小企業が大手に勝てるのは、「絞りの狭さ」です。

大企業は、10人のうち3人しか買ってくれないものには手を出せません。なぜなら工場も大きくて人もたくさん雇っていると、その大きな組織を維持するには、できるだけ効率的に大きい市場を奪いたいからです。

一番やってはいけないのは他社が成功している事例を安易に真似ることです。「あれが流行っているからうちもやろう」「ブームに便乗して新規事業をはじめよう」と成功の理由をきちんと調べずに他の真似をすることです。

タピオカが大ブームになったときに、タピオカミルクティーのチェーン店を展開していた会社がありました。現在ではその会社は倒産しているのです。

真似をする場合は、成功事例を徹底的に研究し、自社の強みと自社でできる差別化をふまえて成功戦略を描くことです。

改めて、〔メイン商品〕を見直してください。大手のようによくある商品ではなく、お客様に選ばれる「強み」と「差別化」された商品を用意してください。

「ターゲットの絞り込み」はレッドオーシャンも突破する

競合他社が多い業種の場合、ニッチなターゲット設定が〈メイン商品〉拡大の決め手になることもあります。コスメ業界も飽和状態で新規参入が非常に難しい分野です。

そのなかで、弊社も昔からお付き合いがあり、この分野で急激に成長している企業であるランクアップ社が開発したMANARAという〈メイン商品〉は、**累計2000万本を突破している大人気商品です**（2022年8月時点）。この会社が販売する化粧品はすべて、「たった1人の悩みを解決するために」誕生したものばかり。その中の主力商品が、創業者の岩崎裕美子さん自ら肌の悩みを解決するため、試作を100回以上繰り返して誕生した「ホットクレンジングゲル」です。

これは、美容液のようなクレンジングにマッサージ機能がついた、エイジングケアのための化粧品。一般的な化粧品とは違い、きちんとターゲットを絞った商品です。

そこで、まずは合うか合わないか試してもらうために、〔フロント商品〕として使い切りの商品を500円で提供するなど、お試しの商品が充実しています。そのうち実際に使ってみて自分の肌に合った人が定期購入して熱狂的ファンになってくれるのです。

何を選ぶにも選択肢が多いのは事実ですが、本当に欲しいものがまだ見つからない人、今ある商品では満足していない人は必ずいます。**その割合は、市場規模のわずか数%かもしれませんが、ニーズにピッタリ合えば一生買い続けてくれるでしょう。**

ランクアップ社のMANARAという〔メイン商品〕はその代表的な例で、ターゲティングがピンポイントではっきりしているから成功しているのです。

あなたの会社は、〔メイン商品〕のターゲットが誰なのか明確にしていますか？

私がコンサルティングするときも、**「この商品のターゲットは誰ですか？」**と必ずクライアントに確認しています。すると「時間とお金がある50代以上の女性」とか、広く漠然としたイメージを持たれている方が結構いるのです。

それでは、ターゲットが決まっていないのと同じです。

「時間とお金がある50代の女性って、いったい誰ですか?」と聞きたくなりますよね。
誰に向かって売っているのかわからないものを広く浅く売っても誰にも響きません。
逆に、「こういう人だけに売りたい」とターゲットを絞り込んだほうが届きやすくなります。

ターゲットを決めるコツは、同僚でも友人知人でもいいので、その商品やサービスのニーズがある誰か、実在する1人を具体的に想定すること。

その人の属性、趣味嗜好、悩みや不満をわかる範囲で書き出してみて、思わず欲しくなるものは何か考えてみてください。そこから拾ったニーズに商品のコンセプトを合わせたり、より深いニーズに応えるワンランク上の商品を新たにつくったりするなどして、その人にしか売れないものにカスタマイズする。そのようにターゲットから逆算したほうが売りやすくなります。

「目的」「料金」「利益」の3軸で〔メイン商品〕を考える

「一番売れている商品＝〔メイン商品〕」だとは限らない

「御社の〔メイン商品〕は何ですか？」と聞かれても、意外とパッと答えられないものです。一番売れている人気商品や単価が高い商品が〔メイン商品〕とは限りません。

たとえば、ある接骨院の〔メイン商品〕が「60分8000円の施術」だとしましょう。〔フロント商品〕が「初回のみ体験価格1500円」で受けられる場合、それだけだと体験で終わる人が多くなってしまいますし、そのあとの施術も単発で8000円なので、全体的な利益率も低くなりがちです。

一方、利益率にこだわる接骨院は「数万円単位の割引回数券」や「定額制の期間限定受け放題コース」など、しっかりと利益が出るパッケージ商品を必ず用意していま す。施術の良さを体験してもらったら、その技術でしっかり身体を整えていく効果も お得感もある〔メイン商品〕までつなげているのです。

輝きベビーアカデミー代表の伊藤美佳さんはモンテッソーリ教育と独自の子育て法を組み合わせてベビースクールを立ち上げましたが、当初、受講料が6回で3000円ほどの教室を近所の公民館を借りて行っていました。小さな子どもを持つ親御さんがとても喜んでくれるのでもっと全国に広めたいというお気持ちがあり、ご相談を受けました。

伊藤さんが長年研究してきた子育て法の内容がとても良く、必要としている方にしっかりと届けて、内容をさらに充実させて値上げを行うことを提案しました。そこで、**本気でモンテッソーリを学びたい方向けに場所や専門の玩具も提供しながら、教育熱も高い都心に移って5万8000円で新たな講座をスタート。教室はすぐに大人気に**なり、さらに専門的な講座を9万8000円で行い、自分も教えたいという受講生向けに認定資格講座も開講。オンラインで受けられる講座は3万~5万円の料金設定にするなど、ターゲット別のさまざまな〔メイン商品〕を用意したのです。

内容を充実させ、適切な価格を設定することで、本気で学ぼうと思う受講者が増えます。教える側も設備をしっかりと整え、時間をかけて教えるべきことを教えられますから、結果的にそのほうがお互いメリットがあるのです。

目的よりも顧客単価でターゲットを変える

〔メイン商品〕の目的よりも顧客単価を意識してターゲットを変えた例もあります。

千葉県の住宅街にあるマクロビオティックの料理教室「マクロウタセ」は、もともと近隣の主婦の方が通う人気教室でした。マクロビは、どちらかというと当時は質素な健康食というイメージがありましたが、この教室では料理やテーブルコーディネートがとてもオシャレでワインにも合う料理を楽しめる教室です。

参加費用は1回数千円ほどで、マクロビの本質的な考え方よりも料理の楽しさを教える内容が中心でした。お教室としてもさらに売上を伸ばし、マクロビを本気で学びたい方も集めていきたいというお気持ちがあり、ご相談を受けました。

そこで代表の上原まり子さんとターゲットの明確化やニーズの深掘りを行ったところ、「美肌」「健康」「ダイエット」が叶う体質改善を目的とした、働く女性の自分改革のためのマクロビ教室にコンセプトを新しくしていく計画がまとまりました。そのために必要なレッスン時間やカリキュラムを考えてもらって、内容に見合う数万〜数十万円のコースに変更しました。

ターゲットも主婦層から働く女性に変更。美容や健康に敏感な働く女性は、仕事も人生も身体が資本だと自覚していますから、健康維持に自己投資を惜しみません。忙しくてもちゃんとしたものを食べたいという意識が高いのです。

いざはじめてみると想像通り、**自己投資に積極的な働く女性に人気となり、女性経営者や芸能人も参加するようになり唯一無二の有名なマクロビ教室になっていきました。**

〈メイン商品〉の売上が安定した後で、お客様のニーズに合わせた他のコースや価格帯の幅を広げるケースはよくあります。それが〈メイン商品〉の売上に影響しないなら問題ありません。

しかし、むやみやたらに手を広げ過ぎて〔メイン商品〕の売上が落ちるようであれば、もう一度、本来の目的に立ち返って、余計な商品は省いたほうがいいでしょう。

BtoBの〔メイン商品〕の「契約・受注」は、その後が大事！

BtoBの場合、〔メイン商品〕は「工事」「システムやソフトウェアの開発・販売」「コンサルティング」「企業研修」など。料金も数百万から数億円までと高価格帯で、利益率も高くなります。ただし、競合が多い商品やサービスは大量に出回ってコモディティ化するため価格競争になりやすく、利益率が低くなることも少なくありません。

私が以前勤めていた化学メーカーも、他では売っていない高機能、高品質の商品は利益率が50%を超えるものもありました。一方で、手堅く売れるけれど、どこでも売っている商品は10%くらいしか利益が出ていなかったのです。会社としては利益率が高いものを売りたいので、利益率の低いコモディティ商品は中国製に譲り、より機能性の高い高額な商品に力を入れていきました。

ＢtoＢの場合、契約受注も多いです。その場合よくあるのは、最初は安い金額で受注して次から利益率の高い商品を売ったり、消耗品や継続利用で利益を出したりする方法です。

身近な例では、オフィスにコピー機を導入して、インク代やメンテナンス費用で利益を出していく方法や、ＩＴツールなどの契約で毎月定額の費用を受け取る「サブスクリプションサービス」です。

こうしたビジネスモデルも、一度購入・契約したら終わりではありません。引き続き関係を維持しながら、定期的にフォローをしていれば、また次の受注につながるからです。大手企業が、リモートワークが浸透した今でも対面営業を優先しているのは、大型契約の商談をする企業間取引ほど人対人の〈信頼〉が重要だからでしょう。

改めて〈メイン商品〉の単価と利益率、販売方法とターゲットを再検討してみてください。新たな〈メイン商品〉の形が生まれるかもしれません。

「赤字覚悟でやっています」が、美談ではない理由

利益率を把握していますか？

〔メイン商品〕についての説明で、数字の話は避けて通れません。
数字が苦手な人もいるかもしれませんが、ビジネスを成功させるためには利益率の計算は必須なので、読み飛ばさないようにお願いします。といっても、難しい話をするつもりはありません。簡単な式なので、あなたの会社の利益率が今どのくらいなのか、ざっくり計算してみてください。

大まかな数字でも構いません。会社の利益率は今どのくらいあるでしょうか？
その数字が良いのか悪いのか、どのくらい高めていきたいのか、考えていますか？

利益率の計算

売上は、次のようにして求まります。

「売上」＝「販売数（客数）」×「客単価」
×「購入頻度（リピート率）」

リピート率を考えたことがない方は、「販売数（客数）×客単価」だけで計算しがちですが、売上アップを目的とするマーケティングではいかにリピート率を高めていくかがカギになります。

売上から「原価」「人件費」「家賃」や「光熱費」などの「生産コスト」を差し引いた分が大まかな利益です。
「利益率」は、次のようにして求まります。

「利益率」＝「利益」÷「売上高」×100

たとえば、200万円の売上があって、生産コストが150万円かかったら、利益は50万円。利益率は50万円÷200万円×100＝25％です。

業種にもよりますが、生産コストや人件費、管理費などをすべて差し引いて利益率が10％あれば、まずまずの経営状態です。20％出ていれば高いほうです。〔メイン商品〕の利益率がきちんと高く設定できれば、全体の利益率を10〜20％にすることができます。

どの業種も、利益の出しやすい商品でしっかりと利益を出して、会社全体の利益率10％以上を目指したいところです。

もちろん業種によっては利益率の高い〔メイン商品〕を設定しにくい業種もあります。主に原価が高くつく飲食業はその業種の中のひとつです。材料費だけで30〜40％かかりますし、場所代や人件費もかかります。そのため利益率の高い「飲み物メニュー」などで全体の利益率を保つなどの工夫をしているケースもあると思います。

逆に原価がかからない業種は利益率が高くなります。独立開業した個人で、研修やコンサルティング、ライティングやデザインなど、原価がかからないサービスを行っているフリーランスは人件費も自分の分しかかかりませんから、〔メイン商品〕の価格設定をしっかり設定できると、余裕のある経営ができます。

生産コストがかかる業種の場合、〈メイン商品〉の利益率を30〜40％にするのは高過ぎると思うかもしれません。

しかし、〈メイン商品〉の利益率が高まると、その利益から6マスのスタート地点〈認知〉である広告に使う費用を捻出することができます。これはとても大切なことです。

広告費のために利益を上げるのは悪いこと？

これまでまったく広告を行ってこなかった方は、「広告費なんていらないから、その分、料金を安くしたい」と思う人もいるでしょう。テレビでもよく「赤字覚悟でやっています！」と自慢気に話す店主や経営者が取り上げられています。

けれども利益が出なければ、自社商品やサービスの良さを世の中に知ってもらう〈認知〉のための広告費や人件費が出せません。自分だけでなく社員や家族たちも路頭に

迷ってしまいます。

ですので、適切な利益をしっかり得ることはまったく悪いことではないのです。私がもし「私の会社は利益なんかいりません」という経営者がいたら、「あなただけの会社じゃないですよね。社員の生活や世の中を良くするための会社ですよね」と目的をもう一度思い出してもらいます。それほど、〔メイン商品〕の価格設定は重要なのです。

もし、今、利益率が低ければ、〔メイン商品〕自体を見直してみてください。それが人気商品の場合、「高くしないでこのまま売り続けたい」と思ったら、別に〔メイン商品〕をつくったり、サブスクリプションや組み合わせたり、購入のモデルをつくり利益を上げることもできます。先に目標の利益額を決めましょう。

月にどのくらい利益が必要でしょうか？

仮に月50万円の利益目標を決めた場合、〔メイン商品〕をいくらでどのくらい売れば達成できるのか計算してみます。

目標達成のためには「単純に販売個数（客数）を2倍に増やすより、料金を1000円高くしたほうが良さそうだ、または別の商品と組み合わせた商品もつくってみよう」というように具体的な計画が立てられるはずです。


「できるだけ多く売るために安くしよう」「喜んでもらうためにもっと美味しくしよう」「もっといっぱいサービスしよう」と商品力アップに特化していて利益率を押し下げているケースもあります。

もちろん相場観は大事ですし、お客様の満足度を重視するのはとても大切です。ただ、それだけを考えるのではなく、**利益目標から逆算して販売数や料金を決める順番さえ間違えなければ、会社は健全に成長していきます。**


「安い商品をできるだけ多くの人に売るほうがいいのか？」

「ある程度高くても本当に良い商品をわかってくれる人に売るほうがいいのか？」

これは究極の二択ですが、昔に比べて現代は情報も多く、消費者のニーズもさまざまです。そもそも大量販売が難しい世の中です。まずは小さなマーケットでもいいのでターゲットをしっかり満足させ、適切な利益をいただくほうが事業を立ち上げやすいことも多いと感じています。

数字やお金にしっかり向き合うことは、本物の商品をつくり、お客様のためになるうえでも、欠かせないことです。

〔メイン商品〕のよくある失敗

「安くて良いものは売れる」の思い込みが強い

「良いものをつくれば売れる」と信じてきた日本のものづくりは、世界に誇れる素晴らしい財産だと思います。

しかし、良いものでも売れなければ失敗ですし、仮に売れたとしても、お客様の満足度が低ければ失敗です。安くて利益率が低い商品だとそれも成功とはいえません。

ひと昔前までは、同じ製品を大量生産、大量消費するのが当たり前の時代で、質の良いものを安く販売するのが日本は得意でした。でもその売り方は、より生産コストが安い中国や韓国にとって代わられました。さらに、消費者の趣味嗜好もバラバラになってニーズが細分化しています。商品を大量生産できれば安くつくれますが、種類を増やすとひとつの生産コストが高くなります。

視点を変えると、お金を多く払ってでも欲しがる消費者には売りやすくなっているとも言えるのです。

まずは、「いいものを安くして満足してもらう」という考え方を手放しましょう。**多少高くても、「こういうものが欲しかった」と思ってもらえる、ターゲットを絞ったお客様にとって価値の高い商品を用意したほうがいいのです。**

参考になる成功事例としては、「よなよなエール」で知られるヤッホーブルーイングというクラフトビールの製造販売をしているベンチャー企業。スーパーはもちろん、コンビニにも陳列されていることと思います。

ビール業界はなるべく安くて美味しいものを大量生産するのが常識でした。いわゆる第三のビールや発泡酒もその流れのひとつで、通常の缶ビールでも240円以下で販売していることがほとんどでしょう。

そんな中で300円前後という、値段が高い「よなよなエール」をはじめとした多くのクラフトビールを出したんです。そしたらバカ売れだったわけです。**「普通のビールは苦手だけど、味のある変わったビールだから美味しく飲める！」という人たちにとっては300円ほどでも高くなかった。成功した理由のひとつだと思います。**

お客様の満足がすべてだと考えがち

話は変わりますが、鳥取県に出張に行ったとき、入り口がわかりづらくて「営業しているの？」と思うような居酒屋に入ったことがあります。お客さんは私ともう1組のみでしたが、そこで出てきたカニも魚も貝類もお酒も、びっくりするほど美味しくて感動しました。

嬉しくてつい食べ過ぎたのに8000円くらいで、その安さにさらに驚きました。そんな私にサービスを提供する大将の奥さんが「ちょっと高くなっちゃってごめんなさいね。これもあれも美味しいよって、いろいろオススメしちゃったからね」と謝るんです。

慌てて「いえいえ、大丈夫です！　すごく美味しくて大満足です。もっと入り口をわかりやすくしたり、インターネットでもアピールしたりしたらお客さんがたくさん来ますよ」と話したら、料理をつくってくれた大将が**「いや、そういうのは好かん。安くて美味しいものをお客さんに食べてもらって喜んでもらうのが仕事だから」**という言葉が返ってきました。大将のその気持ちに感心しながらも、私は少し複雑な気持ちになりました。

職人気質で真面目な人ほど、そういうことをよく口にします。

繰り返しになりますが、企業努力で美味しいものを安く提供し、お客様に満足してもらうことを追求する、これは日本の誇るべき文化です。ただ一方で、美味しいものは堂々と高く提供すれば、その料金でも食べたい人が来てくれますし、ＨＰや広告などにも予算をかけられます。そうすれば、鳥取県の魅力をもっとわかってもらえる可能性も広がります。

日本人はお金の話をすると嫌がる人が多いのですが、自分が儲けるために高いもの

を売るわけではないんです。より多くの人に自社の商品やサービスの良さを知ってもらうために、その利益の一部を広告宣伝費などの〈認知〉活動に使うのです。

こういう話をすると、私のクライアントも納得して、より良い商品やサービスを適正な価格で提供するようになります。

ですので、安くて良いものが売れるだけでなく、その良さをしっかり知ってもらえて、さらに商品が売れることを心がけるようにしましょう。

行列ができる〔フロント商品〕の考え方

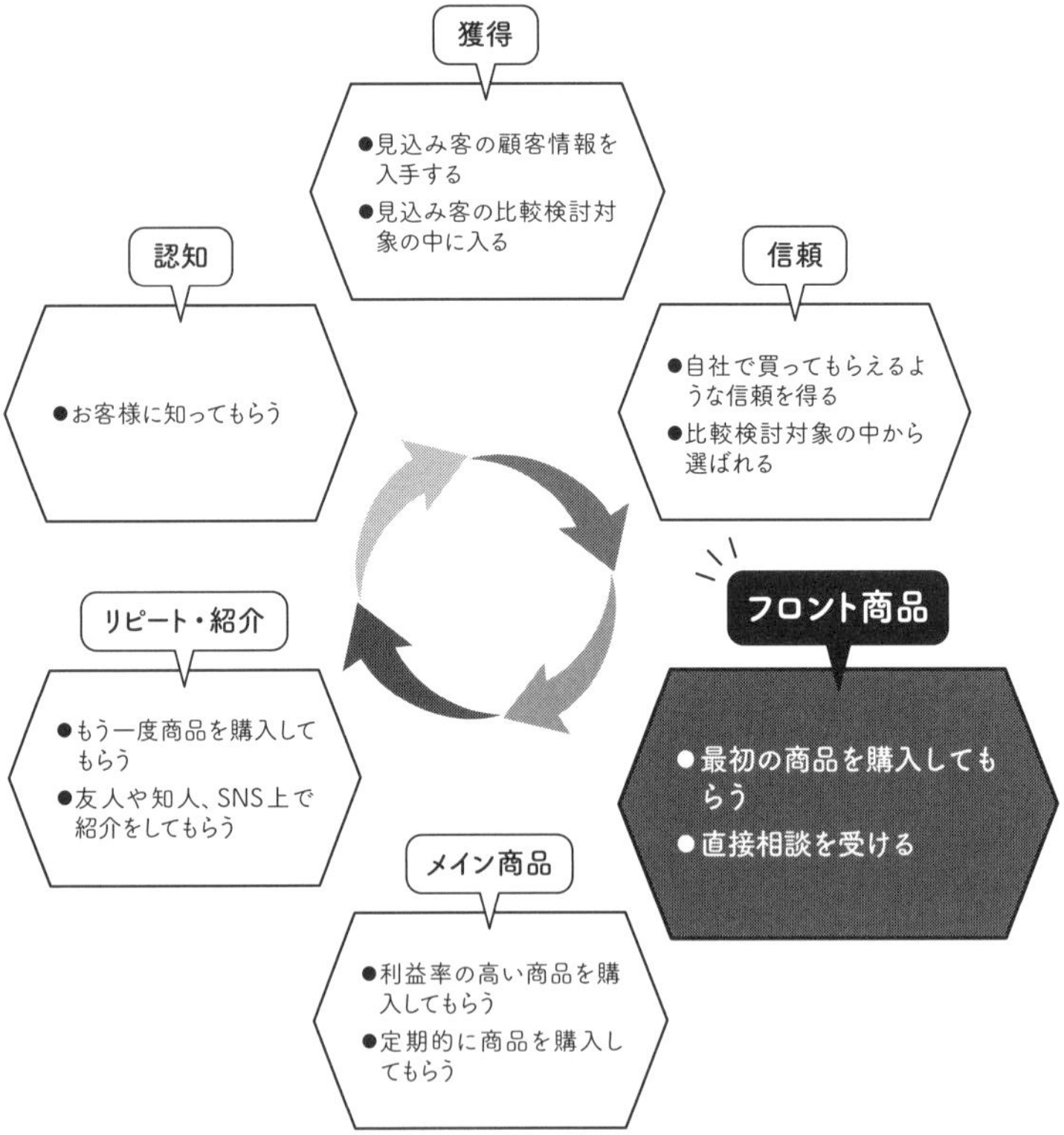
獲得
●見込み客の顧客情報を入手する
●見込み客の比較検討対象の中に入る
認知
●お客様に知ってもらう
信頼
●自社で買ってもらえるような信頼を得る
●比較検討対象の中から選ばれる
フロント商品
●最初の商品を購入してもらう
●直接相談を受ける
リピート・紹介
●もう一度商品を購入してもらう
●友人や知人、SNS上で紹介をしてもらう
メイン商品
●利益率の高い商品を購入してもらう
●定期的に商品を購入してもらう

5章

〔フロント商品〕は文字通り、〔メイン商品〕につなげる入り口の役目をする商品です。

会社の「顔」となる部分ですから第一印象が決め手。消費者が「お店に行ってみたい」「試してみたい」「使ってみたい」と興味関心を持ってもらう商品でなければいけません。

B to Bは〔メイン商品〕の受注や契約につながる「セミナー」「講演会」「お見積り」。店舗事業をはじめとしたB to Cは、商品やサービスの「お試しキャンペーン」「1点無料」「初回割引」「イベント」「体験会」。課題解決・コンテンツ販売の事業なら「無料の相談」「無料診断」「プレゼントキャンペーン」「勉強会」「WEBセミナー」。物販は「割引キャンペーン」などがあります。

〔フロント商品〕は、〔メイン商品〕と同じでなければいけないとも限りません。たとえば、マクドナルドのハッピーセットは安価なのに充実したおもちゃ付き。それだけだとお店としては利益率が割に合いませんが、家族連れで来てもらえれば他のメニューも売れます。

ヘアサロンの「トリートメントセットで20%引き」も、居酒屋の「ちょい飲みセット」も、利益率が高い〔メイン商品〕につなげるための呼び水です。

あなたの会社の〔フロント商品〕はちゃんと〔メイン商品〕につながっているか、この機会に考えてみましょう。

〈メイン商品〉を買いたくなる〈フロント商品〉の種類

あなたもきっと、無意識のうちにさまざまな〈フロント商品〉を購入、申し込みしていると思います。初回割引の商品を買ったり、無料イベントやセミナーに参加したり、お試しキャンペーンに応募したり……。

心当たりがある人は、なぜ興味を持ったのか思い出してみてください。それがきっかけで、同じ商品を買い続けたり、有料のコンテンツやサービスを申し込んだりしたことがあれば、〈フロント商品〉がそれだけ魅力的で自分のニーズに合っていたのでしょう。**〈フロント商品〉が魅力的であれば、〈メイン商品〉も売れていきます。**

〈フロント商品〉のオーソドックスな例は、化粧品のドモホルンリンクルのように、〈メイン商品〉とまったく同じ商品の試供品を無料で提供するパターンです。

私の会社はデジタルマーケティングのコンサルティングを行う会社ですから、マーケティングに関する内容の充実した「企業のInstagramの最新ビジネス活用講座」や「YouTube徹底活用セミナー」を参加費無料から５０００円程度の料金で開催します。それに参加してくださった見込み企業からのコンサルティングのご相談もよくあります。

銚子の水産加工会社、飯田商店が**楽天市場でもたびたび食品ランキング１位を獲得している大人気商品の「訳あり骨取り鯖」。これはもともと、サイズ違いや小さな傷で規格外としていた鯖を小分け袋に入れて使いやすく商品化したものです。**

さらに特別で美味しい鯖が食べたい消費者向けに、ギフトにも使える「骨取り漬け魚セット」や市場には出回らない希少な特大国産鯖を使ったまろやかな口どけが特徴の高級ギフト「くちどけ鯖」を〔メイン商品〕として用意。この場合、お客様からの反響を確認しながら〔フロント商品〕から〔メイン商品〕を上手に用意しているパターンです。

澤井珈琲は、美味しいのにお手頃に飲めるコーヒーを〈フロント商品〉として提供しています。さらに割引キャンペーンは当たり前で、楽天市場で購入すると次回以降のお買い物に使えるポイント10倍キャンペーンなどもよく実施しています。もちろんそれだけではなく、前述のように段階的に高級なコーヒーも用意していて、ギフトにも適したワインボトル入りの極上プレミアムアイスコーヒーまで販売しています。

飲食店の場合、ディナーより格安のランチが〈フロント商品〉になります。ランチは、人件費や稼働時間を考えるとなかなか割に合わないことも多いです。それでもランチを提供しているのは、夜も食べに来て欲しいからです。

実際、私がたまに行く近所のイタリアンも、味は美味しいのにオープンしたばかりで知名度が低く、ランチ営業していない時期はお客が少ないようでした。しかし、**利益が低くてもコスパの良いランチをはじめてからお店が賑わうようになり、クチコミの点数も高くなり、夜もしっかり埋まるようになっていました。**

エステサロンや整体院の〈フロント商品〉でよくあるのは、先程も紹介した初回限定の格安体験プランで、その先で紹介する〔メイン商品〕は数万から数十万円するコースです。知り合いのライターさんは、接骨院で1回8800円の施術を初回限定の半額4400円で体験したらなかなか良かったそうで、回数券を買うとその4400円も無料になるとすすめられたそうです。

一瞬、迷ったものの「4400円損するくらいなら回数券を買ってもいいかな」と3カ月コースの回数券を購入したと言っていました。

これも〔フロント商品〕によくあるパターンで、「お得感」だけでなく、「損しない」ことを意識させる売り方なんですね。

たとえば、**「ひとつ1000円の商品が、3つ買うと割引になって合計2100円になりますよ」**とすすめられたらあなたはどうするでしょうか？

3つ買えばひとつ700円になる商品を1000円で買って損したくないと思いますよね。**人は得する喜びより、損するダメージのほうを強く受けやすいのです。**たとえば1万円もらった喜びはすぐに忘れても、1万円を損した悔しさはなかなか忘れられないものです。

〔フロント商品〕の例

教育コンテンツ	店舗	物販
体験会	特売商品	セール商品
説明会	クーポン	サンプルセット
動画視聴無料	10分無料	おまけ付き
初回無料	初回無料	増量商品
お試し無料	部分的に無料	型落ち商品
お試し商品	相談無料	規格落ち商品
初回相談無料	コーヒー100円	

最初は半額で利用できて得した気分になっても、回数券を買えばその半額分も戻ってくるとわかると、損しないために回数券を申し込みたくなる心理的作用が働くのです。もちろん、それでも申し込まない人もいますが、施術効果が高ければ初回無料になった分、継続的に通いたいと思う人は多いのです。

〔フロント商品〕のイメージがついたでしょうか？　あなたの会社ではどのような〔フロント商品〕があるでしょうか？　ない場合は、上の表を参考に検討しましょう。

〔フロント商品〕は「トレンド」を意識して変化をつける

〔フロント商品〕は、〔メイン商品〕を買ってもらって満足してもらうためのきっかけでしかありません。そのため、一年中同じ商品でなくてもいいのです。
むしろ、**いつも同じ商品だと業種によっては飽きられてしまいますから、時期や季節によってコロコロ変えたほうが関心を引きやすくなります。**

私がよくクライアントに参考にしていただくのは、1年12カ月、春夏秋冬、さまざまなイベント、祝日、行事に合わせた販促です。すでに季節商戦に取り組んでいる会社もあるかと思います。

他にもたとえばエステサロンだったら「お正月太り対策のお腹痩せ」「夏の日焼けによる肌あれ改善」といったその季節ならではの悩みに合わせたサービス。美容脱毛も、夏が到来する前の春ごろから一気にキャンペーン広告が増えます。それほど美容系は季節性の悩みが多いため、髪や肌も含めて無料、もしくは格安体験コースの〈フロント商品〉が充実しているほうが集客しやすくなります。

ただし、どの業種にも「自社の〈メイン商品〉を知ってもらうためにこれだけは絶対に外せない」という根強い人気の〈フロント商品〉もありますので、それはずっと提供していても問題ありません。

やってはいけないのは、一年中同じセールやキャンペーンを開催しているケース。

私がよく行く商店街に呉服屋があったのですが、一年中「特大セール」ののぼり旗が立っていました。一年中行っていたので、それを目当てに訪れるお客様はほとんどない印象でした。

物販やコンテンツ販売でも、「50％割引キャンペーン」を一年中続けていたらそれが当たり前になってしまいます。試しに販売した〈フロント商品〉が爆発的人気になって、定番化するケースもありますが、数年以上売り続けて売上が落ちてきたら、やはり変えていったほうがいいでしょう。

「トレンド」と「ニッチ」で攻める

ＢtoＢの場合、リフォーム会社が引っ越しシーズンに無料セミナーを開催するなど季節の〔フロント商品〕もありますが、トレンドを意識したほうが興味関心を引きやすくなります。

たとえば最近、話題になっている「ChatGPT」。セミナー紹介サイトを見ると、少し前までＤＸに関するセミナーが多かったのですが、最近は「ChatGPT」などＡＩを活用する方法のセミナーも増えています。ＩＴ企業のセミナーは、大規模なツールやシステム開発・販売が目的ですから、**最先端の技術をテーマにしたほうがターゲット企業の関心度が高くなるのでしょう。**

弊社でお手伝いした事例で、電通の新事業紹介のための人事向けセミナーを開催することになった際は、「電通で働く人の実践実例」というキャッチコピーのセミナーを開催し、ＰＰＣ広告や社内の営業さんからの周知で60名を集客。最終的に大型受注につなげることができました。

この場合、「電通」という認知度の高い企業名をセミナータイトルに入れたことが他の企業の人事担当者の興味を引いたのだと思いますが、それに加え、「テレワーク時代のＯＪＴ再開発」というトレンドを意識したテーマのセミナーがニーズに合ったのだと思います。

トレンドが関係ない業種は、どこもやっていないニッチを攻めてください。

テーマが広過ぎると人は集まりません。たとえば金融会社がよく開催している「投資セミナー」や「税金対策セミナー」は、テーマが広過ぎます。

そのうえ無料だと、**「言葉巧みに何か買わされるのではないか？」**と不安に思い、「タダより高いものはない」と警戒する人も少なくありません。

それよりも今は、「年収８００万円世帯向けの税金対策セミナー」「40代の独身女性のためのお金の貯め方」など、ターゲットを絞ったセミナーが主流です。

無料セミナーも多いのですが、その場で押し売りするとすぐにSNSに悪評を書かれるため、別途、希望者だけに個別相談会を開くようになっています。〔フロント商品〕も〔メイン商品〕と同じでターゲットを絞り込んだほうが売りやすく、集まりやすいのです。

教育の世界でも、褒める子育てが流行っていたとき、その時代の流れとは逆に叱り方をテーマにしたセミナーを開いたらすぐに満席になった教室がありました。

これはトレンドの逆説的な発想で、「子どもを褒めてばかりいるうちに叱り方がわからなくなった保護者」のニーズをすくいあげて成功した例です。

業界でまだ注目されていないターゲットやニッチに着目した〔フロント商品〕は「市場が狭くて集客できないのではないか？」と心配する人もいます。

しかし、今まで話してきたように、1000人集めようとして広く浅くばらまくより、ターゲットにした20人に狭く深く届く商品をフロントに持ってきたほうが、結果的に〔メイン商品〕にもつながりやすいのです。

リード〈獲得〉か、利益か、目的によって設計し直す

〈フロント商品〉は「6マス・マーケティング」のなかで〈信頼〉の次にくるステップです。しかし、**見込み客のリード〈獲得〉を目的とする考え方もあります。**

通販でよくあるのは、「無料サンプルを抽選で5名にプレゼント」といったキャンペーン。これも5名の当選者に対しては〈フロント商品〉として提供して、〈メイン商品〉につなげつつ、その他の応募者に関してはリード〈獲得〉が目的です。

BtoCの場合、リード1件につき1500〜2000円で〈獲得〉できればいいほうです。たとえば、3000円の商品を5名にプレゼントすると1万5000円ですが、そのキャンペーンに応募した3000人のリストが集まった場合、リード1件の〈獲得〉単価を1500円で考えたとすると450万円の効果があったと言えます。

〔フロント商品〕を買ってくれた人は、〔メイン商品〕を購入する確率が高まるため、通常より高いリード〔獲得〕単価でも問題ありません。BtoBの場合でも、セミナーや講演会の申し込みが1件3000円以下で〔獲得〕できれば合格です。

他には〔メイン商品〕の売上まで含めた全体的な考え方もあります。

次ページに図解しますが、ひとつの〔フロント商品〕販売のための広告費が仮に3万円かかったとします。商品価格は1万円で、価格10万円の〔メイン商品〕へのコンバージョン率（商品購入率）が50%だとしましょう。

10人の見込み客が〔フロント商品〕を買ってくれたら10万円。そのうち5人に〔メイン商品〕を購入してもらえたら50万円で、計60万円の売上になります。〔フロント商品〕10件分の広告費は30万円ですから、60万円から30万円を差し引くと30万円の利益になります。**結果的に、広告の売上に対する費用対効果は2倍になるわけですね。**

あなたの会社の〔フロント商品〕は、「安く大量にリード〔獲得〕を優先するのか？」**「〔メイン商品〕へのコンバージョン率と全体の利益を優先するのか？」**、どちらにするかによって、〔フロント商品〕の設計も変わります。

全体的に利益を出す考え方の例

1個3万円の広告費がかかる1万円の〔フロント商品〕

⬇

〔フロント商品〕を購入された方が
〔メイン商品〕を購入される割合の
コンバージョン率は50％
※10人が〔フロント商品〕を購入されたので、
5人が〔メイン商品〕を購入

⬇

1個10万円の〔メイン商品〕

〔フロント商品〕の売上：1（万円／個）×10（個）＝**10（万円）**
〔メイン商品〕の売上：10（万円／個）×5（個）＝**50（万円）**
広告費：3（万円／個）×10（個）＝**30（万円）**
利益：60（万円）－30（万円）＝**30（万円）**

広告費30万円に対して、**売上60万円**

⬇

費用対効果2倍！

「タダ」ほど怖いものはない？　値段の考え方

BtoBで企業が企業を集めたいときにおいては無料でセミナーや勉強会を行うことが多く、〔フロント商品〕は基本的に無料が原則。講演会も勉強会、セミナーも参加費をとることはあまりないです。物販の場合は型落ち商品や規格外商品を安く提供することはありますが、送料や原価もかかるのですべて無料にすることは少ないです。

無料サービスが多いのは店舗と悩み解決・教育ビジネス、コンテンツ販売です。**無料にすることでお客様を簡単に集客できると思いがちなのですが、実際はそんなに単純ではなく、一歩間違えると落とし穴にハマります。**

仮に無料で1000人来店してくれたとします。その1000人の中で〔メイン商品〕を買う人が10人しかいなかったら成功とは言い難いです。無料の体験会に500

人参加して、2万円の〈メイン商品〉を50人が買ったら100万円の売上ですが、コンバージョン率が10％だと低過ぎます。逆に、コンバージョン率が100％に近いと〈メイン商品〉の価格が安過ぎる可能性ありです。

もちろん、コンバージョン率が10％でも、1件の価格が数千万円単位の契約や大型受注のBtoBであれば話は別です。そうでなければ、**「〈メイン商品〉2万円は安過ぎない？」「体験会の参加費を1000円にしたほうが本気度高い人が集まるんじゃない？」**など見直すべき点がいろいろ出てくるはずです。

私がコンサルする場合、〈フロント商品〉と〈メイン商品〉の決め方の基準値をまず伝えています。基準値をもとに、〈フロント商品〉と〈メイン商品〉のバランスを調整していきましょう。

〈フロント商品〉には無料のものもありますが、本当に無料にすべきかは慎重に考えてください。というのも、**「無料WEBセミナーに200人の申し込みがあっても、実際に参加したのは20人だけだった」**とか、**「初回無料体験だけ受けに来る人しかいない」**という事態になりかねないからです。

逆に**「参加費2000円のセミナー申し込み者の参加率が90％以上だった」**というケースも、特にコンテンツ販売ではよくある話です。

店舗も無料の〔フロント商品〕が多いのですが、内容と集客力とのかね合いによります。著名人を呼ぶ体験イベントは参加費をもらって、会社関係者だけで行うときは無料にするなど、集客のハードルの高さによって判断したほうがいいでしょう。

特に昨今、オンラインイベントや電子チケットも増えたため、「無料だから参加してもしなくてもいいや」「無料だからとりあえず申し込んだけど忘れてた」とドタキャンする人が増えています。

では有料がいいのかというと、有料でも気が抜けないのです。

クラウドファンディングの「CAMPFIRE《キャンプファイヤー》」で支援を募ったレストランが食事券をリターンで配っても、支援（購入）してくれた人の2割は来ないそうです。もちろん、最初は行く気だったけれど忙しくなってあきらめた人、「寄附のつもりで支援したから」ともともと行くつもりがなかった人もいるでしょう。

さらに、オンラインのイベントやセミナーでも、有料なのに参加しない人が一定数はいるのです。私の周りでも、あまりにもキャンセルが多く、頭を抱えている方が少なくありません。であれば、最初から100人集客して、実際に80人参加すると想定して目標を立てるなどして、〈フロント商品〉の設計を考えたほうがいいでしょう。

〈フロント商品〉で一番やってはいけないのは、中途半端に高い価格で売ろうとすること。たとえば〈メイン商品〉が8万円ほどなのに対し、〈フロント商品〉が3万円くらいの価格である場合です。

自社の商品やサービスを安売りしたくない気持ちや損したくないという欲が表れているからでしょう。それでお客様を集めて〈メイン商品〉をたくさん売りたいと思っても何も叶いません。ですから私は、目的がぶれてしまっている中途半端に高い〈フロント商品〉には問答無用で反対しています。

〈フロント商品〉の存在理由は、ブランド価値を上げるためでも、利益を上げるためでもありません。ただひとつ、〈メイン商品〉につなげる目的を果たすための手段なのです。そこを履き違えてしまうと必ず失敗してしまうので気をつけましょう。

〔フロント商品〕をやる価値

たくさん集客する→商品やサービスを知ってもらう→〔メイン商品〕を買ってもらう

これがワンストップで一気に進めば、苦労しないですよね。「じゃあ、どうすればうまくいくの？」と思われている方に成功例を３つ紹介します。

ひとつめは〔認知〕でも触れた東京電力パワーグリッド。数ある事業の中でBtoBの事業を請け負う事業部でした。私が相談を受けたのは企業向けの商品やサービスの〔認知〕拡大のためのデジタルマーケティング施策。ヒアリングしたところ、営業担当者が名刺交換をする、１社１社に対して丁寧なサポートを行っていました。

一方で、〔信頼〕や〔フロント商品〕の仕組みをつくれば、さらに営業効率を上げることができると感じました。

そこで、見込み企業に対してこれまで培った経験をもとに、現場作業におけるお役立ちメルマガを週に2回配信。開封率などから読者の興味・関心を分析し、MAでニーズに合わせた電気工事情報を提供しました。

すると**「気軽にお見積りをご依頼ください」というメルマガに購読者から問い合わせがあり、商談につなげることができました。**このケースの〈信頼〉はお役立ちのメルマガ、〈フロント商品〉は見積り依頼になります。


2つめは、財団法人日本生産性本部の主任経営コンサルタント・鍜治田良さんのマンガ資料の〈フロント商品〉で成功したケースです。鍜治田さんは製造業出身で、製造業の具体的な業務効率改善施策をたくさん実践してきた経験と実力のあるコンサルタントです。

クライアントの方から鍜治田さんを見つけてもらうための仕組みを整えるため、製造業関係者の検索が多いキーワード「2S（整理・整頓の2つ）」「5S（整理、整頓、清掃、清潔、躾の5つ）」などの専門的なキーワードで、SEO対策したコラム記事をサイトに掲載しました。

サイト上からメルマガ登録した方には、『コンサルタントが現場で使っている5Sの道具集』などの「5S活動お役立ち資料」をPDFでプレゼント。その読者と名刺交換した見込み客にメルマガを配信。それから、**メルマガ読者に『漫画で学ぶ5Sの基礎「カジコン!!」』を〔フロント商品〕として販売。**

それまで対面営業が中心で、自分の足で顧客〔獲得〕をしていたため、先方から相談に来てくれる流れができたと喜んでいただきました。

3つめは、〝内申点アップ請負人〟の異名をもつ愛知県豊川市にある後成塾の桂野智也さん。桂野さんは他の塾が偏差値アップなどに注力する中、内申点アップに着目したこの分野での第一人者で内申点アップのアドバイスをメルマガで毎日無料配信し、内申点勉強会を定期的にZoomで開催。〔フロント商品〕は4700円の初回の相談で、塾長に直接アドバイスをもらえることが好評で、オンラインや対面で入塾する生徒さんが増えました。

学習塾は全国に数え切れないほどありますが、内申点アップが専門の塾はめずらしく、東京都や千葉県からも新幹線で通う親子がいるほど人気です。

こうしてみると、どのケースも**メルマガの発信で〈信頼〉を勝ち取り、そこから〈フロント商品〉、〈メイン商品〉へとつないでいますよね。メルマガを定期的に配信するのはそれなりにパワーがかかります。**

けれども、そこまで時間と労力を費やす価値があることが、この3つの事例からわかっていただけるのではないでしょうか?

〔フロント商品〕のよくある失敗

〔フロント商品〕は〔メイン商品〕につながるものが大前提ですから、〔フロント商品〕で無理に儲けようと思ってはいけません。

どういうお得感のある〔フロント商品〕だったら〔メイン商品〕が欲しくなるか、いろいろ試してみてください。実験と失敗を繰り返して消去法で絞り込んでいけばいいくらいの感覚で、利益にとらわれないで良い商品を探したほうがいいでしょう。

また、**〔フロント商品〕を紹介する文章のタイトルが中途半端なケースもよく目にします。**中身をコロコロ変えるのが難しい商品であればなおさら、タイトルで関心を引かなければ見てもらえません。

例としては、日清食品のカップヌードルは何十年も変わらぬ人気商品がいくつかあります。ところが、秋になると「きのこポタージュ」のカップヌードル、高級志向の人向けの「特上カップヌードル」など、期間限定商品をよく発売しているんですね。「どんな味だろう？」とちょっと気になってコンビニに行くと、数が少ないのか、すでに売り切れていて、結局、定番のカップヌードルを買うこともあります。

これも、カップラーメンのベースは同じで、味つけやパッケージを季節やトレンドに合わせて変えて消費者の気を引いている、立派な〈フロント商品〉です。

飯田商店の鯖の切り身のように、〈フロント商品〉として出した商品が人気になったら、それを看板商品にしてもいいのです。そうでなければ、ひとつの〈フロント商品〉に力を入れると、失敗したときのリスクが大きくなります。

それよりは、カップヌードルのようにあれこれ試してみて、消費者のニーズに合わせて〈フロント商品〉を変えながら、人気が出れば〈メイン商品〉に格上げしてもいいのです。人の気持ちも、トレンドもどんどん変わっていく世の中ですから、それぐらい臨機応変に構えて、こだわりすぎないほうがいいでしょう。

売上を増加させる〔リピート・紹介〕のノウハウ

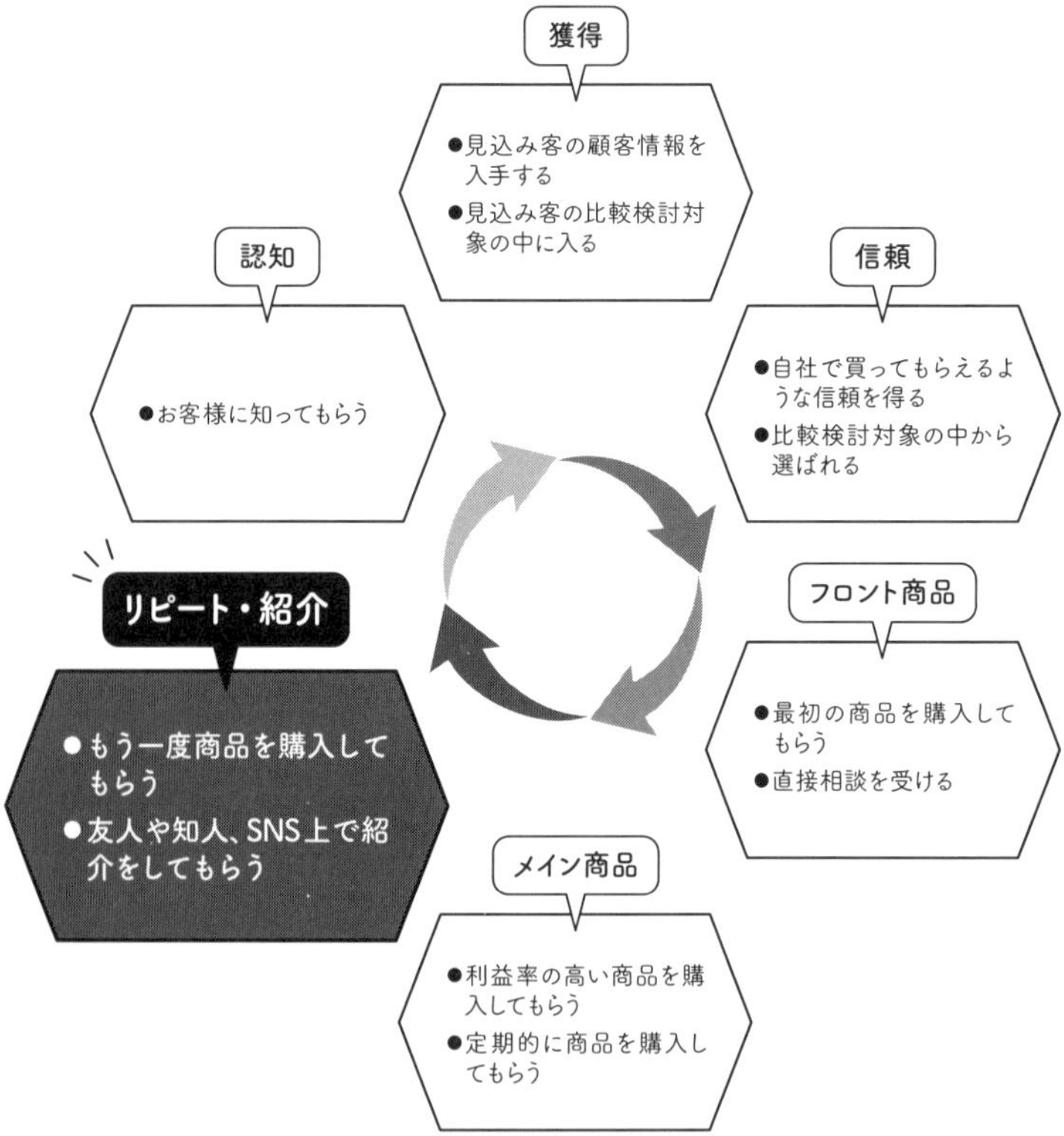

獲得
●見込み客の顧客情報を入手する
●見込み客の比較検討対象の中に入る
信頼
●自社で買ってもらえるような信頼を得る
●比較検討対象の中から選ばれる
フロント商品
●最初の商品を購入してもらう
●直接相談を受ける
メイン商品
●利益率の高い商品を購入してもらう
●定期的に商品を購入してもらう
リピート・紹介
●もう一度商品を購入してもらう
●友人や知人、SNS上で紹介をしてもらう
認知
●お客様に知ってもらう

6章

「〔メイン商品〕を買ってくれるお客様が増えてきてよかった！」。そこでひと安心したくなる気持ちはよくわかります。

しかし、50人の新規顧客が増えても、その人たちがリピートしてくれなければ、またゼロから新しい顧客を集めなければいけません。そうなると、売上を拡大するどころか維持するだけでも大変ですよね。そこで重要になるのが、〔リピート・紹介〕なのです。

今のようにもの余りの時代になる前は、一度買って満足した商品はまた次も買ってくれました。特別お願いしなくても、身近な人に「これよかったよ」とオススメもしてくれました。商品力を高めて満足してもらえれば、自然と〔リピート・紹介〕も増えていったのです。

でも今は選択肢も情報も多過ぎて、新しい商品が出てくるサイクルも早過ぎます。よほどのことがなければ、〔リピート・紹介〕はしてもらえません。こちらから働きかけなければ、せっかく新規顧客になった方でも簡単に離れていってしまうのです。

そのため、お客様の友人知人を紹介してもらったり、SNSやブログでオススメしてもらったり、商品やサービスの評価やレビュー欄にクチコミを書いてもらうにはどうすればいいか、よく考えて取り組む必要があります。具体的な事例を参考にしながら、あなたの会社で何ができるか考えてみましょう。

〈リピート・紹介〉で変わる経営

「1回買ってくれた」お客様ももちろん大切です。でも、〈リピート〉してくれるお客様が増えていったら、こんなに嬉しいことはないですよね。何より経営の土台づくりができます。100人に売るたびに30人が〈リピート〉買いしてくれたほうが、ストック型で販売数も利益も増えていくからです。**リピーターによる継続的な売上が増えていくと、経営がどんどん楽になるだけでなく〈リピート・紹介〉が増えて6マスがぐるぐる回りはじめると、〈認知〉の広告費もグッと減らせます。**

どれくらい〈リピート〉してもらえれば成功か、いくつか例をあげましょう。

BtoBの場合、大型の契約が多いので30％ほどのリピートを目標としましょう。サブスクリプション商品は毎月定期的に支払ってもらう前提での価格設定になっていることから95%以上のリピート率を目指す必要があり、80%を下回ったら問題ありです。この場合は商品やサービスの質や内容を見直し、クライアントの満足度を高める施策を行ったほうがいいでしょう。

BtoCの店舗の場合、美容サロンは3割のリピート率を目標とするといいでしょう。ただしエリアにもよるので、競合が多い都心の店舗は20~25%リピートしてもらえればうまくいっていると言えます。

飲食店は、顧客単価によって幅があるので一概には言えませんが、利益率が比較的高いメインメニューやアルコール類を毎月30%以上のリピート客が来てちゃんと注文してくれれば、経営的には安心できます。

目標や期間が決まっている学習塾や習い事、お教室系は、目標を達成したり期間が終了すると一定数が〔リピート〕しない卒業となるので〔紹介〕のほうが重要になります。次の項目を参考にしてください。

エゴサーチして〈紹介〉の武器にする

あなたがよく行くお店で、**「他の方にも紹介してください」**とお願いされて、実際に〈紹介〉したことは何回くらいあるでしょうか？

私もそうですが、それほど多くないですよね。〈リピート〉に比べると〈紹介〉は断然ハードルが高くなります。仮に10人のお客様が商品やサービスに満足してくれたとしても、10人とも誰かを紹介してくれることはまずありません。これは私の感覚値ですが、10人に1人くらいの割合で紹介してくれる可能性が高いので、その1人が10人以上に紹介してくれないと広がっていかないのです。

そのため、フォロワー数が多い**インフルエンサー**や、自社商品の根強いファンに**ア**

ンバサダーになってもらうなどして、少ない人数でより多くの人に〈紹介〉、拡散してもらう施策が重要になります。

その点、自社サイトやECサイト、Googleマップなどへのクチコミは、直接誰かに向けて紹介するわけではないので、書くほうも気が楽です。

「この商品のこんなところがよかった。また使いたいな」「このお店は味もサービスも最高！」といったポジティブなレビューを、10人が10件投稿してくれるだけで評判が上がります。書いてもらったほうもメリットしかありません。

あなたもAmazonで何か買うときや、食べログでお店を探すとき、クチコミやレビューの評価を参考にしていますよね。悪い評価が多ければ不安になって選ばないでしょうし、良い評価が多ければ多いほど「買ってみようかな」「行ってみようかな」という気になるはずです。

自分がお客側だとクチコミをチェックしても、自分の会社の商品やサービスのクチコミはチェックしていない人が多いのです。

私のクライアントにも、クチコミやレビューの件数を把握しているか必ず確認していますが、大抵はチェックしていません。ということは、クチコミを増やすための施策もしていないわけです。

そのときは、まず自社の商品やサービスをネット検索するエゴサーチをしていただいて、わかる範囲でクチコミの内容と件数をチェックしてもらいます。毎月もしくは隔週に1回でも、「どこに」「どんな人が」「どんな投稿」を「何件しているか」確認すると、クチコミの傾向がわかるようになってきます。

たとえば、SNSで自社の商品を検索して、X、Instagram、Facebook、YouTubeのどこに一番多くヒットするかわかると、ユーザーやフォロワーの年齢層や性別など属性がわかります。Xや Instagram は10～30代、Facebook は30～50代のユーザー層が多いと言われていますが、自社の商品やサービスを紹介してくれているユーザーのプロフィールまで見ると、より具体的な属性がわかることがあります。Amazon、楽天市場、Yahoo! ショッピングをはじめとしたECサイトのレビューも同じです。

その傾向から、クチコミしてもらいやすい場所やターゲットが見えてくるので、そこに合わせた施策、自社の商品やサービスの改善策を考えることができるのです。

「良いクチコミ」の多い会社が裏でしていること

「どうすれば良いクチコミを増やせるのか?」

これは企業も個人事業主もビジネスに関わるすべての人が避けて通れない課題です。

もちろん「やらせ」をしてはいけません。最近は、Amazon も Google も偽レビューやステマの取り締まりを強化していて、やらせと思われるようなクチコミは投稿できないようになっています。良いクチコミはお客様に満足してもらわなければ書いてもらえませんから、その商品やサービスの質が高いことが大前提になります。

それ以外にできることはあるのでしょうか?


良いクチコミを増やすのに効果的なのは、丁寧な返信です。

弊社でご支援した神楽坂の「トータルエイジング専門店サロンビューティー美優」は、**Googleマップも、ホットペッパービューティーも高評価のクチコミが多いエステサロンです。★もほとんど五つ星なので私もびっくりしました。**

なぜこんなに良いクチコミが集まるのかを考えてみると、ひとつはっきりしているのは、店長がお客様のクチコミの倍以上のボリュームで丁寧な返信をされているからでしょう。それをひたすら、本当にコツコツ徹底して続けています。

それほどクチコミを大切にしている店長なので、お客様との雑談の中でも、「お客様のクチコミが嬉しくて仕方ないんです！　それがすごく励みになっているんです！」とよく話されているそうです。お客様にクチコミを書いてもらえると嬉しいと伝えること、クチコミの返信で感謝を伝えることは、クチコミが増えるひとつの要因になるのだと思います。

1章のInstagramで〈認知〉拡大したモデルさんの事例をあげましたが、彼女も徹底したリプライでファンを増やしていきました。細やかで丁寧な返信はお客様に〈信頼〉を与えるだけでなく、クチコミや〈紹介〉をしてくれるファンになってくれるのです。

世界的な「ステマ（ステルスマーケティング）規制」の動きから、クチコミ投稿に対価を支払う行為は禁止になっています。であれば、何かの対価を支払うのではなく自社の商品やサービスに本当に満足して良い印象を持っているお客様に、**「クチコミをいただけることはとても嬉しく、日々の励みになります」**と率直に伝えたほうがいいでしょう。クチコミの強制や押しつけはNGですが、こちら側の気持ちを伝えることで、「じゃあクチコミをしてみようかな」と思ってくれる方も増えてくるでしょう。

ふるさと納税で商品を販売している物販の会社も、購入者宛のメールや荷物に同封するお手紙で、丁寧な挨拶文をよく届けています。

「皆様の声が生産者の励みになります。もしよければひと言でも評価いただけたら嬉しいです」というメッセージを受け取ったら、どう思うでしょうか？

満足してくれた方の10人に1人くらいは、**「これからも美味しいものをつくり続けて欲しいからクチコミ書いてあげよう」**と思ってくれそうですよね。

クチコミをお願いするのではなく、良いクチコミを書きたくなるようなサービスを心がけたり、感謝や喜びの気持ちを伝えたりする心が大事なのです。

「低評価のクチコミ」に、どう対応するか

発信をコツコツ行っているのにいまいち効果が上がらないときがあります。それは「クチコミ」が原因になっているかもしれません。自社の商品やサービスのクチコミを定期的にチェックしていますか？

自分が探しているもののクチコミを見るときもそうですが、良いクチコミより悪いクチコミのほうが目につきやすいですよね。自分の会社や商品のクチコミに「最悪だった。もう絶対に買わない」と1件書かれたら、良いクチコミが数件あってもイメージダウンになってしまうでしょう。**私がこれまで調べた経験では、良いクチコミ10件より悪いクチコミ1件のほうが、インパクトが強いです。**

自社の商品やサービス、スタッフの対応にいたるまで、定期的にエゴサーチしてクチコミをチェックしてください。そこでもし、悪いクチコミを書かれていたら、全力で対策しましょう。

まずやるべきことは、丁寧な返信です。

本当に不手際があったときは素直にお詫びして改善策を伝えます。先方の誤解や悪質なクレームの場合は、事実と意見を分けて説明し、場合によっては毅然とした態度で対応したほうがいいでしょう。

以前、弊社でお手伝いした足立区にある清菱建設という工務店は地元密着型で技術力も高くとても評判が良い工務店なのですが、良いクチコミの中に1件だけ「**電話対応が雑。ここに家を頼みたくない！**」というクチコミを書かれたことがありました。しかし実際は、電話営業してきた人の営業をお断りしただけだったのです。腹いせで悪質なクチコミを書かれてしまったのですね。

そこで工務店は「**お電話ありがとうございます。電話について、対応が行き届かず大変申し訳ございませんでした。営業のお誘いに応じられず失礼しました**」と返信し、事実を伝えていただきました。

この対応を他の人が見たらどうでしょうか？　**印象が「対応が雑な工務店」ではなく、「営業電話にも親切に返事をする丁寧な工務店」に変わる**のではないでしょうか？

秩父にある比与志という小さな旅館はInstagramで地道にフォロワーを増やして人気になりましたが、良いクチコミがたくさんある中で期待値が高過ぎるお客様から「次の利用はない」と悪評を書かれてしまいました。「**スリッパを自分で取り出した**」「**バリアフリーではないし、男性トイレの数も少ない**」「**こちらの宿主は接遇について、もう少し学ばれたほうが良いと思います**」といった、いわば高級旅館に求めているような期待外れからくる不満です。

もともと創業50年で7部屋しかない木造の旅館。設備面その他のサービスはＨＰにもすべて記載されています。高級感ではなく、古くても趣のある旅館をウリにしていますから、完全なミスマッチだったわけですね。

そこで支配人は、「**すべて表記通りでございます。よくご覧いただいてミスマッチの無い宿選びをされるのがよろしいと思います**」「**接遇面についてはお客様との相性**

がございます。もし全面的にへつらうことがサービスとお考えならば、当館に期待しないでください」と事実を伝えながら誠実に返信しました。とても素晴らしい返答だったと思います。

お客様のミスマッチの類によるクチコミを減らす方法は、相手に過剰な期待をさせないことです。

一時期、一部のホテルや旅館やカフェなどで、実際よりキレイな部屋の写真を載せることが流行ったこともありましたが、嘘がバレたらすぐにネットに書かれるので、今はだいぶ減りました。

ユーザーも学習していて、イメージ重視の公式サイトより、実際に泊まった人たちの本音のブログや体験記をチェックしています。食べログも同じで、店舗が出しているる写真よりユーザー投稿の写真を見ています。それくらい、ネットユーザーは加工された情報に敏感になっているのです。

Ｂ to Ｂの場合でも取引相手が本当に信用できるかどうか、クライアントも入念に調べています。あまりにも悪質な書き込みに関しては投稿者が近しい人や元従業員であるケースも多く、直接連絡すると削除してくれることもあります。明らかに悪質な営業妨害や誹謗中傷、顔や名前を勝手に使った著作権侵害にあたる投稿などは、Googleに異議申し立てしましょう。削除してくれる可能性もあります。

悪いクチコミを探し出すようにして、見つけたらすぐに対応しましょう。そのまま放置しないようにしてください。

自発的に〔紹介〕したくなるしかけ

クチコミを増やすもうひとつの方法として、お客様が自発的に投稿したくなるしかけがあります。「え？　そんなことできるの？」と思うかも知れませんが、SNSをやっている方なら覚えがあるはずです。

いわゆる「写真映えする」ものを目にすると、つい撮影したくなりませんか？

〝映える〟ものを意識的に置いたり、撮影向けの場所をつくったりすると、SNSにアップしてもらいやすくなります。

たとえば、店舗の一角に**「可愛いクッションを置く」「おしゃれで素敵なスペースをつくる」「パッと目を引く見栄えのいいものやめずらしいものを用意する」**といったものです。

あるヘアサロンは、壁に天使の羽のウォールステッカーを貼ったところ、お客様がその前に立って背中から羽が生えているように見える写真を撮り、SNSに投稿してくれるようになったそうです。「好きに撮影していいですよ」と言われるより、「ここは撮影スポットですよ」と決めてもらったほうが、お客様も気軽に撮りやすくなります。

美容サロン系の業種の場合、お客様のビフォー・アフターの写真を積極的に撮ってあげるのも効果的です。髪や肌がいい感じに変化すると嬉しいですから、喜んでくれたお客様はSNSにアップ、もしくは友人に〈紹介〉してくれるかもしれません。

Instagramにも、顧客のビフォー・アフターの写真を載せているサロンが多いのですが、すべて実績ですから〈信頼〉にもつながります。フォロワーの方も、イメージがしやすいので新規来店してもらえるきっかけにもなります。

ヘアサロンの人気スタイリストの中には、「写真撮りましょうか?」と自分から声をかける人もいます。逆に**「写真一枚お願いしていいですか?」**と頼んでも、「あー、ちょっと今忙しいので待ってください」と返されるお店もあります。こういったお店は自らクチコミを増やす機会を失っています。

写真をお願いされたとき、**「いくらでも撮りますよ！」**とノリよく協力してくれるお店のほうが、お客様もクチコミしやすくなるのが人の心理ですよね。

「声をかけるのはどうも苦手」という人は、「写真撮影すべてＯＫです」と書いた紙を店内に貼ってもいいですね。レストランであれば、「写真撮影希望の方はお気軽にお声かけください」と書いた小さなメモスタンドをテーブルに置いてもいいです。

海外アーティストのライブも、基本的にスマホ撮影ＯＫですから、観客がこぞって会場の様子、音楽、演出などガンガン拡散してくれます。

ところが、日本人アーティストは撮影禁止のライブがまだまだあります。もちろんアーティストの権利をしっかり守りつつ、ＳＮＳの拡散力を活用したい場合は、主催者側も意識した戦略を行うと良いと思います。

また、自社サイトにお客様の感想を掲載することも〈信頼〉や評判、〈リピート〉につながります。前に紹介した、営業コンサルタントの加賀田裕之さんは、台本営業のセミナーが大人気で、一時期は受講者の声を１００人ほど公式サイトに掲載していました。しかもほとんど動画なので、次から次に出てきて見ていて止まらなくなるんですね。営業コンサルタントはたくさんいますが、１００人の喜びの声を集められるコンサルタントは他にいないので、それだけで本物感が伝わります。

知名度が低くなりがちな中小企業ほど、こういうお客様の生の声が広がるしかけを丁寧につくると差をつけやすくなります。

「アンバサダー」「インフルエンサー」に〔紹介〕してもらう

自社の商品やサービスのファンの方に、アンバサダーやインフルエンサーとしてSNSのフォロワーに〔紹介〕してもらう施策もあります。

これは、いわゆる「ステマ」とは異なります。広告や宣伝であることを隠し、第三者に商品のクチコミを書かせて報酬を払ったり、自社の商品を消費者になりすまして宣伝したりする「ステマ」は、令和5年10月から景品表示法違反で禁止されたのでご注意ください。

アンバサダーは「大使」という意味。よく芸能人が生まれ故郷の観光大使として、地元の名物や産業をPRしていますよね。あれと同じイメージで、一般消費者が「推し」の商品やサービスをクチコミなどを通じてPRする人のことを意味します。PR

ですから、アンバサダーであることを明言してもらいましょう。

有名な例は、ネスレ日本の「ネスカフェ　アンバサダー」。公式サイトから引用すると、「ネスカフェ アンバサダー専用定期便でコーヒー等の商品をご購入いただくことで、マシンレンタルを無料とさせていただいております」とあります。公式サイトで募集しているアンバサダーに選ばれた人の役割は、無料レンタルしたコーヒーメーカーを職場に設置して、定期便で商品を注文して、職場で集金すること。

その他にも、「アンバサダーVOICE」という投稿コーナーに、職場でネスカフェバリスタを楽しんでいる写真やコメントを投稿したり、意見交換したりできるようにしたことも、成功の一因と言われています。

ネスレがこのビジネスモデルの先駆者で、後に続くように、アンバサダー・マーケティングを活用する企業が続々と増えました。

もうひとつは、インフルエンサー・マーケティングです。

私がすごくおもしろいと思った例は、『東京カレンダー』というメディアが募集している「東カレ倶楽部」公認インフルエンサー。「東カレ倶楽部」とは、「東京の〝リアルアッパー層〟として、実社会でもSNSの世界でも大きな影響力を持つエネルギッシュな大人たちが集う倶楽部」なのだそうです。

インフルエンサーの主な役目は、「販売前商品の試用や限定イベント等の体験を通じて、クライアントのPR活動のお手伝い」すること。さらに、自分の投稿・アカウントを「東カレ倶楽部 公式インスタグラム」でリポストすることも条件にあります。「SNSの世界でも大きな影響力を持つエネルギッシュな大人たち」の拡散力を、ここまでストレートに利用するってすごいですよね。媒体の強みとユーザー層の欲望をよく理解した、最強の戦略だと思います。

しかし、中小企業はインフルエンサーをどうやって募るか、悩みどころです。次の項目が参考になりますのでご検討ください。

インフルエンサーは社内スタッフ!?

「インフルエンサーに協力してもらうなんて、うちみたいな小さい会社はムリ……」

と思われたら、社内で育ててもいいのです。

私の会社でも、「みんなで発信」プロジェクトを実施したことがありました。社員に自分の好きなSNSを選んでもらって、フォロワー数や「いいね」の数ごとに10段階のレベルを設定。レベルが上がるごとに、2000円から2万円まで毎月インセンティブを払うルールにしたところ、みんなはりきって活動していました。

「インセンティブが多過ぎるのでは?」という声が聞こえてきそうですが、やるからには本気でがんばってもらいたかったのです。

また、会社にとって広告費は必ずかかるもの。**社員ががんばった分、広告費が削減できたら、それを社員に還元して、とてもよい循環ができます。**

それでも、「オレは別にやらなくていいや」という人も出てくるので、「Twitter（現X）部、Instagram部、Facebook部とグループもつくって、チーム戦にしました。チームでレベルが上がっていくと、部費としてのインセンティブも別に2000円から4万円まで用意しました。

結果的に、4カ月ほどでフォロワー数が1万人を超えたり、「いいね」が300以上つく社員が5人も生まれたりしたので、ある程度は目標達成できたんじゃないかと思っています。

私が支援したあるメーカーは社内インフルエンサーを育成するため、60人以上にInstagramで自社商品を〈紹介〉してもらいました。ここもチーム戦で競ってもらい、レベルごとのインセンティブを設定。9日間でフォロワー2000人を超えた人が4人。約3カ月間で1万フォロワー以上が6人と、猛スピードで成果が出はじめたのです。

自社商品を社員が全力で推していると、**「そこまで言うなら本当にいい商品なのかも?」**と思ったフォロワーが買ってくれるんですね。結果的に、**会社の〈認知〉だけ**

でなく〈信頼〉も高まって、社員のInstagram経由の販売数も増えました。

その売上に応じてボーナスや福利厚生を提供したので、社員はさらにやる気になる相乗効果が生まれたのです。

「**効果があるのはわかるけど、インセンティブを払えるほど余裕がない**」と思った人は、〈認知〉にかける広告費や、〈信頼〉を構築する時間と労力を考えてみてください。

インフルエンサーがSNSで自社商品やサービスのファンを増やしてくれたら、〈認知〉〈信頼〉〈リピート・紹介〉まで、6マスのステップすべてが回りはじめます。

フォロワー数や「いいね」を増やすまでは大変ですが、社内で行うのでインセンティブを払う分だけ広告費を減らせると思えば、むしろ得策でしょう。

社内インフルエンサーが活躍してくれるようになれば、SNSに勝るマーケティングはないと言っても過言ではありません。

リピート率を上げる「アプリで割引クーポン」秘策

「アンバサダーとかインフルエンサーとか、ムズカシイこと言わないで、もっと簡単に〔リピート〕客を増やせないの？」と思ったあなたにとっておきの方法を教えます。

どんなに小さな店舗でも、アプリをすぐつくれるのはご存じですか？　アプリをつくるとダウンロードしてくれたお客様にいろんなサービスを提供できます。

たとえば、サッポロライオンが経営する「銀座ライオン」という老舗ビアホール。このお店のアプリは、割引クーポンがよく当たります。全員半額クーポンが当たったりすると、「2次会どこに行く？」となったときに「銀座ライオンの半額クーポンあるから行く？」ってなりますよね。私は何度かその流れでお店に行っています。

私の会社近くにある「俺のフレンチ」の「俺のアプリ」もそうですが、1カ月に1回くらいのペースでさまざまなクーポンやキャンペーン情報があります。今年の誕生日には、スパークリングワインのボトル1本無料プレゼントまでいただきました。ボトル1本だとさすがに1人で飲みに行こうとは思わないので、誰か誘ってグループで行くことになりますよね。そうすると、3〜4人で料理やお酒をたくさん注文しますから、お店の売上は十分プラスになるのです。

ECサイトでも、ギフト券としても使えるクーポンがあって、何か買うと誰かのために買う商品に使えます。もちろん自分のためにも使えるのですが、せっかくだから誰かにギフトを贈るときや、少しでも良い物を買いたいときに使いたいですよね。

いつもは、予算5000円が限度でも、「5000円のクーポンがあったら試しに6000円のほうを買ってみようかな？」と思うことでしょう。

つまり、**クーポンがあると結果的に客単価が高くなる可能性があるのです。**よく見る当たり前のような戦略ですが、その効果は驚くほど大きいので参考にしてください。

何度も通い続けてもらう「常連さん」のつくり方

通販でも店舗でも、ポイントカードやスタンプカードがあるのは当たり前になっています。ないよりはあったほうがいいのですが、数が多過ぎてお得感が薄れているのも事実です。せっかくなら、〔リピート〕の頻度を上げる工夫をしたほうが他と差別化できます。

たとえば、私がたまにいく「大塚屋」というラーメン屋さんはいつも行列ができる、辛味噌ラーメンが人気のお店です。そこでスタンプカードをもらうと、次回から100円の味玉が1個無料に。さらに、10個スタンプがたまるとラーメン一杯が無料になります。割引じゃなくてタダですよ。かなり太っ腹だと思いませんか？

スタンプカードがいっぱいになると、新しいスタンプカードを渡され、星のシールを1枚張ってくれます。この星もとても良くて、星がたくさんたまったスタンプカードを店長に渡すと、何度も来店している証拠になり、「いつもありがとうございます」と言ってくれるので、常連さんはドヤ顔でカードを渡しています。

小さな話のように感じるかもしれませんが、**このリピーターを優先し、優越感をくすぐることもコアファンをつくるためにはとても有効な戦略なのです。**私も何回か通ってはいるんですが、まだ挨拶してもらったことはないので、もっと通わないとと思いながらラーメンを食べています。

何度も通い続けて、そのお店や企業に〈信頼〉を寄せてくれている顧客を**「ロイヤルカスタマー」**といいます。競合が多くても、自分はこのお店が好き、ここで買いたい、ここで食べたいと思って贔屓《ひいき》にしてくれるお客様ですね。

そういう顧客を増やす施策で有名な例は、居酒屋チェーン店「塚田農場」の名刺システムです。全国展開しているので知っている人もいると思いますが、来店回数によって役職が上がり、サービスのランクも上がっていきます。

初回来店でいきなり主任に任命されると、3回目で早くも係長に。その後も来店（出勤）回数によって昇進し、社長になるとノベルティグッズがもらえたり、会長になったりするとさらに素敵なプレゼントがもらえるシステムです。

私はもらったことがありませんが、昇進祝いのハガキまで届くそうなので、受け取った人はクスッと笑えるユーモアも感じられて、親近感を覚えますよね。

大学の同期が同窓会のお店を決める際、「俺は塚田農場で部長だから、サービスもらえるし、塚田農場に行こう！」とお店を決めていたので、その戦略のすごさを目の当たりにしました。

お客様をランク付けするという意味では、クレジットカード会社も同じです。年収、年会費、カード利用実績によって、ゴールド、プラチナ、ブラックとランク分けされていますよね。航空会社やホテルやデパートも、会員ランクや利用料が高いロイヤルカスタマーを区別して、特別感を与えています。

このように、**あえてお客様を平等に扱わない施策で、リピート率と顧客単価を上げているケースもあります。**

〔リピート・紹介〕を高めるはたらきかけ

〔紹介〕をお願いする、絶妙なタイミング

BtoBやBtoCで、対面営業している人は、お客様に〔紹介〕をお願いすることがあると思います。どうすればそのような〔紹介〕を増やせるでしょうか？

ポイントは、お願いするタイミングです。

たとえば私のようなコンサルティングは、結果が出たときに〔紹介〕してもらったほうがいいと思われがちですが、そうではありません。結果が出たあとだと、あからさまにギブ&テイクを求めているようで、いやらしくなってしまうんですね。

一番良いタイミングは、契約したときや購入してもらったときなのです。

なぜなら、お金を払うときは信頼度が一番高い状態で、自分で選択して決めた満足度も高いからです。これから頑張っていこうというプラスな気持ちも膨らんでいる状態です。

さらに、契約や購入したばかりであれば、**「もし良い会社があったら紹介してください」**と言われても**「ああわかりました」**って軽く流せますよね。

そのように断る余地を与えて、お客様の負担にならない程度に軽くお願いするのです。

リピート率と顧客単価を上げる「クロスセル」と「アップセル」

〔紹介〕をお願いするタイミングを伝えても、従業員によって言ったり言わなかったり、言うタイミングが違ったり、一貫性がない会社があります。理由を聞くと大抵、「相手を見て選んで言っている」というのですが、それはその人の感覚や思い込みで判断しているだけで、なんの根拠もありません。

Amazonの「あなたへのオススメ」も、マクドナルドのスタッフが、「ご一緒にポテトはいかがですか?」「セットでいかがですか?」と声をかけるのも、相手を選んで言っているわけではありませんよね。**マニュアルです。**最近はセルフレジで注文しても、同じようにおすすめされますね。

〈リピート・紹介〉をお願いするときも、すべての顧客に声をかけたほうがいいのです。簡単に断れる雰囲気があれば、マイナスな印象もそこまでありません。みなさんに声がけしたうえで、全体の購買層の何%が〈リピート・紹介〉してくれたか数字を把握することが重要なのです。

Amazonやマクドナルドがすごいのは、すべての顧客に追加の商品をオススメして顧客単価を上げる施策も徹底しているところです。

新規顧客を増やすのももちろん大事ですが、それと同じくらい力を入れるべき点は、購入する商品の種類や数を増やしてもらって、顧客単価を上げることなのです。

現在は商品の選択肢が多いからこそ、「好きになったものを買う」「好きな人から買う」「好きなブランドから買う」という傾向も強まっています。

そのため業種によっては、いったんファンになってくれたお客様のリピート率や顧客単価は上げる施策はやりやすくなっています。毎年、ユニクロで服を買う習慣がある人はその典型と言えるでしょう。


顧客単価を上げる方法には、〔メイン商品〕に追加して他の商品も買ってもらう**「クロスセル」**と、より高いものを買ってもらう**「アップセル」**があります。

しかし、このような方法のセールストークを決めて、何をどう売って顧客単価を上げるか考えている会社はまだまだ少ないです。

どんな仕事でもそうだと思いますが、ルールを決めなければ人は動きません。新規顧客には必ずこういう案内をする、この商品には必ずセットで別の商品をオススメする、といった**施策やマニュアルが徹底している会社のほうが、やはり売上は伸びています。**

たとえば本にも新刊案内やハガキが挟み込まれていたりします。これも地道な〈リピート〉、顧客単価アップのための施策で、少なからず効果があると編集者の方が言っていました。まさに、「塵も積もれば山となる」なんですね。

アプローチの仕方はさまざまですが、こちらから働きかけなければなかなか〈リピート〉してもらえない時代です。

まずはどんな施策をするのか決めて、やると決めたら、全社員がすべてのお客様に同じように対応する。それをするかしないかで、1カ月後、1年後の売上に差がつくでしょう。

〔リピート・紹介〕のよくある失敗

そもそも〔リピート・紹介〕をしていない

6マスのどのステップにも当てはまるのですが、〔獲得〕と同じくらい「施策をしていない」という問題が際立つのが〔リピート・紹介〕です。

大事なポイントですので最後に改めてお伝えしますが、「**お客様が満足してくれたら〔リピート・紹介〕が自然に増えていくはず**」という思い込みは捨ててください。あからさまにお願いをするのはよくありませんが、〔リピート・紹介〕をうながす行為や施策に取り組まなければ、お客様が簡単に増えていくことは少ないでしょう。

〔リピート・紹介〕を増やす方法は、本章で紹介した施策をとにかくコツコツ継続し

て、すべてのお客様に同じようにお願いすることです。どんな結果にも原因がありますから、「うまくいかないのは何かやり方が間違っているのではないか？」と、常に自分たちの言動を客観視する視点を持ちましょう。

それでも〈リピート・紹介〉が増えない場合や労力的にできることが限られている場合は、インフルエンサーになりうるお客様に対価を払ってストレートにお願いしてもOKです。「ステマ」と区別するためにちゃんとPR表記してもらったうえで、紹介文のテンプレートや画像も一緒に送ると先方の手間が省けるので紹介しやすくなります。お願いするのはこちらの都合ですから、相手にメリットを与えることを忘れないでください。

お客様に最大限のメリットを与える施策として、ある眼科はレーシック手術を受けた患者さんに、3万円の割引券付きの紹介カードを渡していました。これで紹介すると、紹介した人にも紹介された人にも3万円ずつ戻ってくるサービスです。レーシック手術は数十万円かかるので、「それでも手術して良かった」と思った患者さんたちの紹介で広がっていくのです。そこで思い切って、3万円引きの紹介カードをつくったところ、次から次にそのカードで紹介者がつながっていくようになりました。

ここまで思い切った施策を打たなければ、〈紹介〉を増やせない業種もあるのです。

すべての施策をマニュアル化できていない

6マスを回し続けられなくなる会社によくあるのは**「日々のルーチンワークをこなす人がいない」**という問題です。マーケティングは「施策を考えて方向性を決める人」と「その計画に沿ってやるべき作業をこなしていく人」と、2つの役割に分かれます。

個人事業主は1人2役になりますが、組織が大きければ大きいほど、役割分担は明確にする必要があります。

SNSでもメルマガでも、担当者の裁量に任せてしまうと、やったりやらなかったり、人によってやり方が違ったりして一貫性が保てません。投稿に関しても、タイトルや内容について責任者に、「これでいいですか?」「あれは出していいですか?」といちいち確認していると、ムダな時間が増えてスムーズに進められなくなります。

そうした問題は、マニュアル化で解決できます。

SNSの投稿やブログ配信の「手順」「内容に関するルール」「使用可能な画像」「更新のタイミング」や「頻度」はもちろん、自分の意見を入れるところと入れないところなど、すべてマニュアル化すれば、誰でもできる作業になります。

私の会社も、何から何までマニュアル化しています。各作業の注意点やルールも決めているので、採用したばかりの在宅ワーカーさんでも、すぐに作業にとりかかってもらえるので助かっています。

「マニュアルをつくるのも時間がかかるし面倒だし、誰がどうやってつくればいいの？」ともし思われたら、実際に作業している様子や口で説明している動画を録画して共有するだけでいいのです。

突発的な作業は別ですが、3回以上行った作業、3回以上発生した対応は、他でも起こる可能性が高いのでマニュアル化しましょう。私は、絶対にマニュアル化できないこと以外はすべてマニュアル化すると決めているぐらいです。

その作業が属人的になって、手順や状況を担当者だけが把握して、周囲に共有されていないと非常に大きなリスクになります。

その人がいなくなった瞬間に、今までの仕事をゼロにしなければいけなくなると、通常の業務にも支障をきたします。特にこれから大きくしていきたい会社ほど、マニュアル化に力を入れることをオススメします。

これまで見てきたように、6マスを回すのはそれなりの準備が必要です。まずは「誰でもできる」ことはマニュアル化して負担を偏らないようにするのが大事です。

そのうえで、6マスそれぞれのレベルを上げられる体制を整えられれば、小さな会社でも必ずや売れる会社になるでしょう。

おわりに

6マス・マーケティングの完成形とは？

ここまでお読みいただきましたが、いかがだったでしょうか？

中小企業にとっては「机上の空論ではないか」「取り組めるほどの体力がない」「やっぱりわからない」「他社に比べて自信もって売れるものがない」……、そんな声が出るかもしれません。

そう思う原因は大きく分けて2つあると考えています。

6マス・マーケティングを取り組めない大きな壁を紹介します。

ひとつの壁が「中小企業に厳しい時代」。

もうひとつの壁が「日本の誇るべき奥ゆかしさ」。

順番に追っていきましょう。

デジタルマーケティングにすぐに手をつけられないほど、今は**確実に中小企業にとって厳しい時代です。**

エネルギー費や原料費の高騰、不活性な経済、人口減で人材不足……、あげたらきりがないでしょう。そんな中で会社を経営するのは至難の業です。

日本経済は悪くなっても良くなる見通しがつかないため、世の中の動きに期待ができません。そんな中でも、働き方改革しながら社員への給料を増やし、働く環境を整える必要があります。

しかし、このように従業員の環境を整えたとしても、人材の流動が激しく、せっかく入社してくれた社員もたちまち転職していってしまうかもしれません。

本当に今、中小企業にとって存続するだけで厳しい世界です。

そんな中で、デジタルマーケティングという、新しいことに挑戦していかなくてはなりません。

本書で紹介した事例の皆様も、はじめは不安を抱えていました。コンサルティングしたとき、何度も「それ意味あるのか？」と聞かれました。そういう人ほど成果が出たときに「取り組んでよかった」とはじめて笑顔になります。成果が出る90日までが踏ん張り時なのです。

また、マーケティングでは**「奥ゆかしさ」**が悪く作用します。

たとえば、鳥取県産の岩牡蠣の「夏輝」を知っているでしょうか？

感動するくらい美味しくて安いんです。私ははじめて食べたときに感動して、たくさんの知り合いに贈り物として贈ったら、その人たちも感動してリピーターになりました。

ですが、こんなに素晴らしい商品でも世の中のほとんどの人に知られていません。

地元の住民からすると、「当たり前」で、「他にもすごいものがあるから」と思っているかもしれません。しかし、そんな奥ゆかしさが、売れるはずのものを眠らせたままにしているのです。

何度も繰り返していますが、お客様にとっては喉から手が出るほど欲しいものだったりしますので、まずは発信してみることをおすすめします。

大きな2つの壁を突破して、ぜひ6マス・マーケティングを合言葉に社内の仕組みを調整してみてください。

最後に「6マス・マーケティングの完成形」について解説します。

まずは、6マス・マーケティングは抜けがないのが大事です。
ひとつのマスに重点的に施策がたくさんあってもあまり意味がありません。
まずは、6マスを自社の取り組みで当てはめてみて、それぞれのマスに抜けや漏れ、機能しているかどうか確認することが大事です。

抜けているマスがあれば、そこで止まってしまっている可能性があります。

一方、**6マスがつながった瞬間にいっきに売上が加速します。**

6マスのうち、強いて言えば〈メイン商品〉と〈信頼〉を確認して欲しいです。売るための仕組みも大事ですけど、商品・サービスがやはり日本の強いところでもあります。これが強いと結果的に売れ行きにもつながるんですね。〈メイン商品〉は、売れるポイントになるので当然そこも磨くべきです。

一方で、「見込み客」をおろそかにしがちです。見込み客をしっかり集めてファンになってもらうのがずっと売れ続けるコツです。長い目で見ると〈獲得〉〈信頼〉が非常に大事かと思います。接触頻度を高めて、お客様にとって最初に思い出してもらえる存在になるというのが大事です。

多くの人に知ってもらう〈認知〉も大事ですが、当たっても続かなかったり、外れが多くあったりします。まずは地盤を固めるところで、〈メイン商品〉や見込み客の〈信頼〉を得るのはすごく大事ですね。

6マスが埋まり、機能する**「6マス・マーケティングの最終ゴール」**は、お客様が一つひとつの小さな階段を上っていくようにして**「気がついたら予約していた、購入していた、リピートしていた」**という状況ができることです。

そんなお客様が増える仕組みをつくっていきましょう。

確かに全部揃えるのは大変かもしれません。ですが、最終的には今の何もわからない状態より違った景色が見えているはずです。

下を向かず、諦めずにやってみて欲しいのです。

厳しい世の中でも、チャンスを逃さないで欲しいのです。

本書が、皆様が抱えている本物の商品・サービスを日本・世界中に売れていくひとつのきっかけになることを切に願っています。

2023年12月

谷田部　敦

本書に掲載している事例一覧です。二次元コード・URLの先には事例のSNSやHPに飛びます。参考にしてみてください。
※URLなど2023年12月時点の内容です。

はかりのいらない お菓子教室（HP）☞P157 https://happy-ss.jp/	しあわせ相談倶楽部（HP）☞P189 https://shiawasesodan.com/	東京電力パワーグリッド（HP）☞P90, 233 https://pgservice1.tepco.co.jp/
日本栄養バランスダイエット協会（HP）☞P171 https://eiyo-balance.com/	愛されめし協会（HP）☞P190 https://aisaremeshi.com/	改善の達人 KAIZEN GYM（HP）（日本生産性本部 主任経営コンサルタント 鍜治田良）☞P234 https://gembaryoku.com/
清菱建設－足立区で注文住宅の実績が多い工務店（HP）☞P251 https://kiyobishi.co.jp/	MANARA（HP）（株式会社ランクアップ）☞P192 https://manara.jp/	内申点アップ請負人 後成塾（HP）☞P235 https://www.kousei-juku.jp/
最短結婚ナビ（HP）☞P189 https://www.saitankekkon.jp/	マクロウタセ 上原まり子（HP）☞P197 https://www.instagram.com/macroutase33/?hl=ja	トータルエイジング専門店サロン ビューティー美優（HP）☞P248 https://www.salonbeauty-miyu.com/

掲載している事例の紹介

胃と腸の健康解説
内視鏡チャンネル
(YouTube)
☞P81
https://www.youtube.com/@naishikyo_ch

ミリオンセールス
アカデミー® (HP)
(営業コンサルタント　加賀田裕之)
☞P105, 258
https://million-sales.com/?page_id=2

コスメのパーソナル
カラー診断 (HP)
(一般社団法人日本パーソナルメイク協会)
☞P129
https://personal-make.com/color_analysis/

カオカラダ®ゆがみ矯正
「カチッとハマる®」(HP)
(中村接骨院 中村薬漢方堂)
☞P97, 129
https://kaokarada.com/

お肉を愛するラーメン屋。
ラーメン悟空
(HP)
☞P113
https://ramengoku.co.jp/

歯の寿命をのばす会
(HP)
☞P133
https://www.dentallife.info/

銚子の美味しい鯖
飯田商店
(HP)
☞P99, 217, 238
https://yamagoiida.co.jp/

不倫・浮気夫とラブラブになれる！
夫の浮気解決カウンセラー
金田秀子 (Instagram)
(一般社団法人日本愛され妻協会)
☞P114
https://www.instagram.com/uwakikaiketsu_kaneda/

マネキャリ1Hourセミナー
(HP)
(一般社団法人マネーキャリア
コンサルタント協会)
☞P155
https://moneycareer.net/

澤井珈琲
(HP)
☞P62, 164, 218
https://www.sawaicoffee.co.jp/index.html

流通株式会社
(HP)
☞P117
https://ryu-tsu.jp/

弁慶丸
(HP)
☞P156, 172
https://benkeimaru.com/

【著者紹介】

谷田部　敦（やたべ・あつし）

◉――FunTre株式会社代表取締役社長。マーケティングカレッジ（MARC）会長。

◉――2009年、東京大学大学院理学系研究科卒業、大手外資系メーカー（BASF Japan）に就職、海外の輸出入業に携わり、欧米やアジアで新規ビジネス創出に携わる。2011年、同社を創立。「本物を世界に。」を理念に、埋もれている技術、研究、サービス、文化など、デジタルマーケティングを使って世の中に発信する方法を研究・開発している。これまで世界でヒットしている動画を月に1000本以上研究し、再現性のある動画集客を仕組み化。海外のWEBマーケティングやソーシャルメディアを研究、WEB戦略の仕組み化コンサルティングを開発。動画とソーシャルメディアをかけ合わせた独自の理論を開発する。

◉――大手の建設会社や化学メーカーをはじめ、中小企業の飲食店、美容院など、約950社のWEBマーケティングのコンサルティングに携わり、個人起業家からは多くの著者も誕生した。クライアントから「短期間で新規収益事業をつくった」「売上を10倍以上に向上させた」「ネットから自動的に新規顧客を集められるようになった」との声がある。現在は、東京を拠点に会社を経営しながらマーケティングDXの研究を行い、美容院、保育園の経営に携わる。国際的な動画イベントでも講演活動を行う。現在は栃木県や鳥取県、長崎県、岐阜県、宮崎県などでも地域活性化プロジェクトに携わる。鳥取県地域活性化雇用創造プロジェクト推進協議会アドバイザー、東京大学産学連携本部「アントレプレナー道場」メンターを務めた経験がある。

小《ち》さな会社《かいしゃ》の勝算《しょうさん》
90日《にち》で売《う》れる仕組《しく》みになるデジタルマーケティング

2024年１月５日　　第１刷発行

著　者――谷田部　敦
発行者――齊藤　龍男
発行所――株式会社かんき出版
東京都千代田区麹町4-1-4 西脇ビル　〒102-0083
電話　営業部：03(3262)8011㈹　編集部：03(3262)8012㈹
FAX　03(3234)4421　　　　振替　00100-2-62304
https://kanki-pub.co.jp/

印刷所――ベクトル印刷株式会社

乱丁・落丁本はお取り替えいたします。購入した書店名を明記して、小社へお送りください。
ただし、古書店で購入された場合は、お取り替えできません。
本書の一部・もしくは全部の無断転載・複製複写、デジタルデータ化、放送、データ配信などをすることは、法律で認められた場合を除いて、著作権の侵害となります。
©Atsushi Yatabe 2024 Printed in JAPAN

ISBN978-4-7612-7714-7 C0030